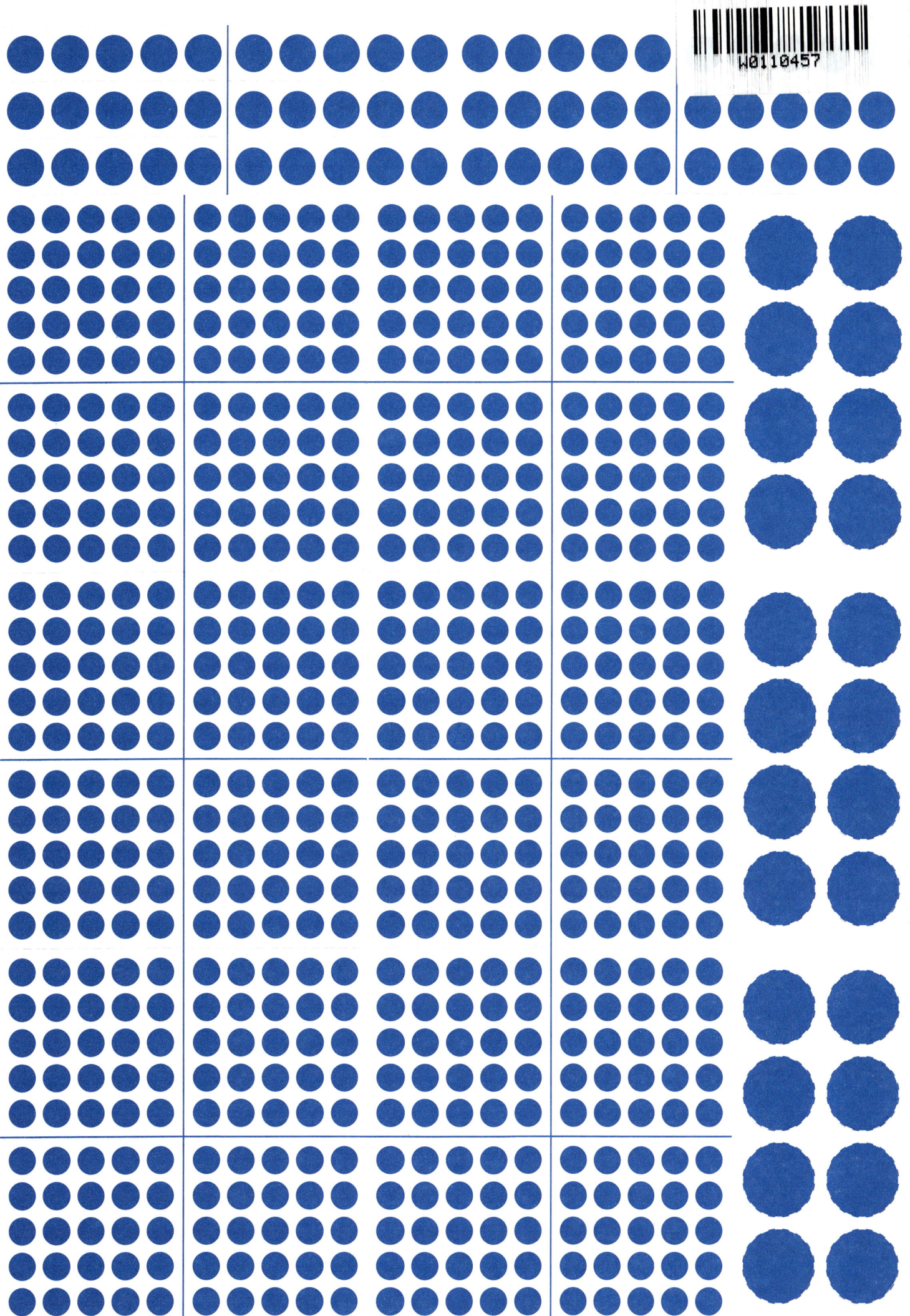

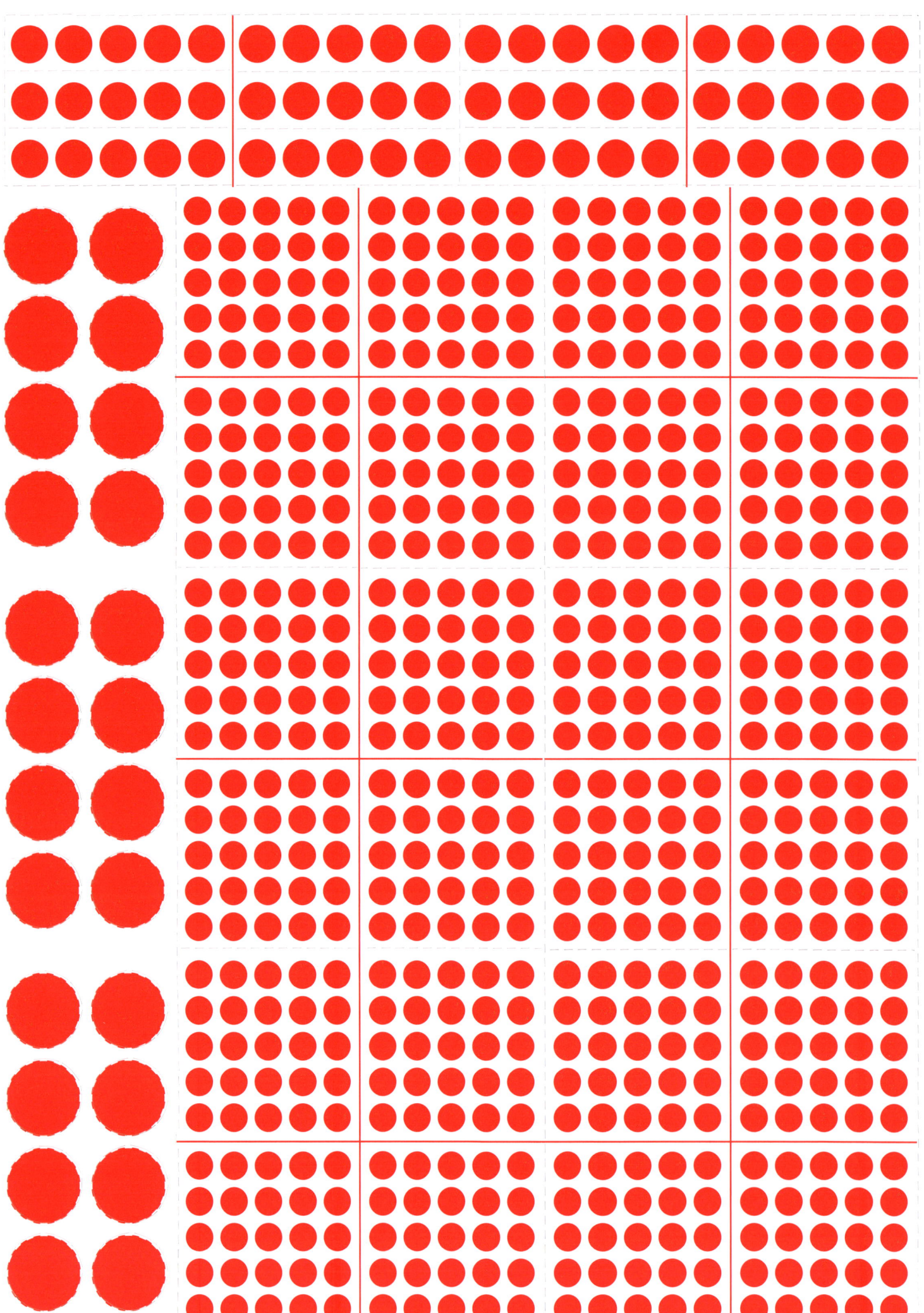

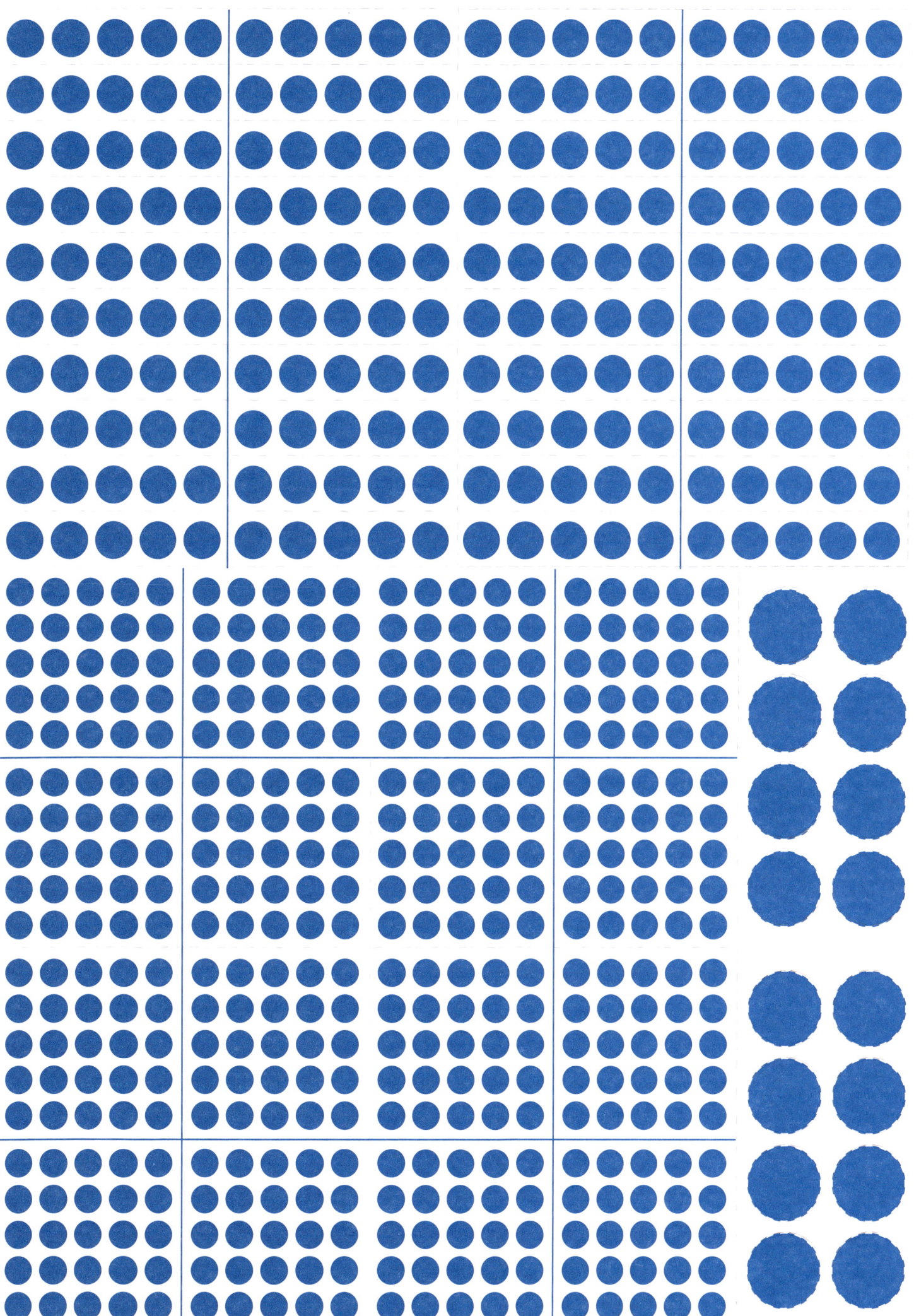

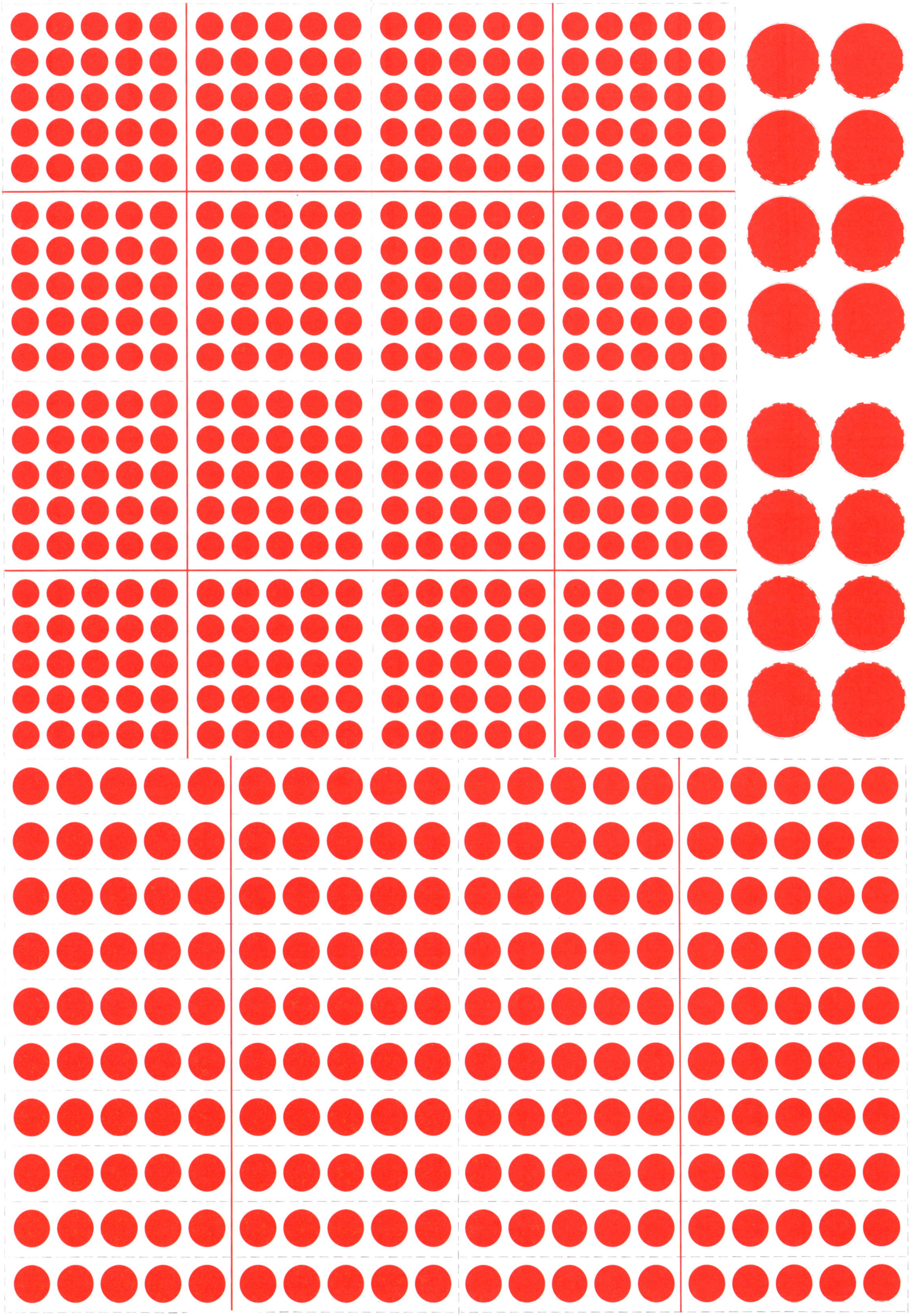

P 931.450

Fachwörter und Redemittel

Name:

_____

Mein Wortspeicher
Mathematik

Flex und Flo

Mathematik

3

Illustration: Karoline Kehr

953.610

Addieren und Subtrahieren

Zahlen bis 1000

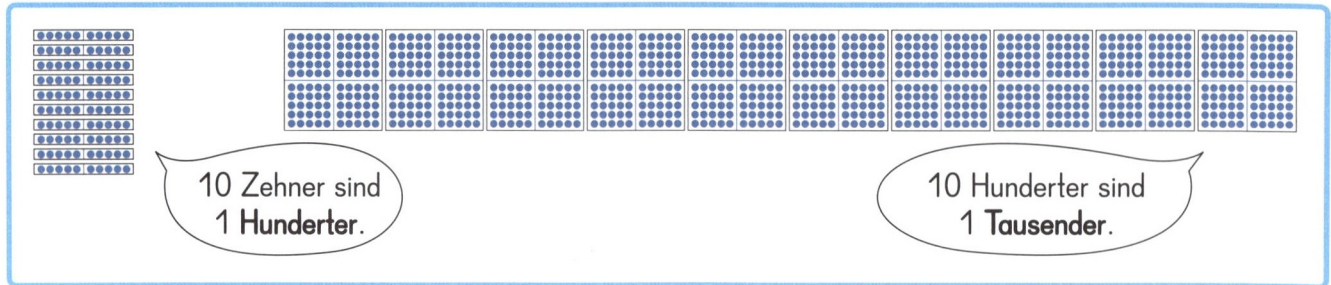

10 Zehner sind 1 **Hunderter**.

10 Hunderter sind 1 **Tausender**.

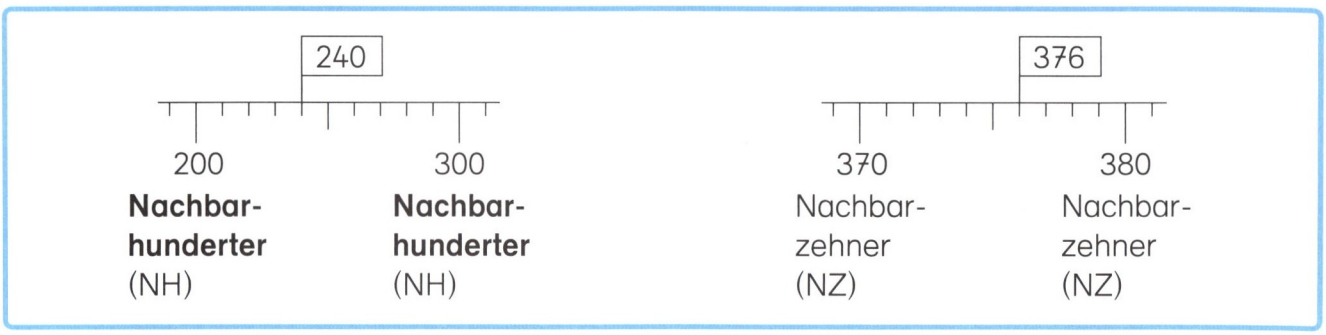

200	300
Nachbar-hunderter (NH)	**Nachbar-hunderter** (NH)

370	380
Nachbar-zehner (NZ)	Nachbar-zehner (NZ)

H	Z	E
	4	5

45 ist eine **zweistellige** Zahl. Zehnerstelle und Einerstelle sind belegt.

H	Z	E
3	8	6

386 ist eine **dreistellige** Zahl. Hunderterstelle, Zehnerstelle und Einerstelle sind belegt.

Addieren und subtrahieren

addieren

15 + 6 = 21

↑

Summe

subtrahieren

36 − 8 = 28

↑

Differenz

140 + 70

140 + 70 = 210
140 + 60 = 200
200 + 10 = 210

Erst plus 60, dann plus 10.

Erst bis zum Hunderter, dann weiter.

320 − 50

320 − 50 = 270
320 − 20 = 300
300 − 30 = 270

Erst minus 20, dann minus 30.

Erst zurück zum Hunderter, dann weiter.

Halbschriftlich multiplizieren

$$6 \cdot 13$$

Ich multipliziere 6 zuerst mit dem Zehner, dann mit dem Einer.

$$
\begin{aligned}
6 \cdot 13 &= 78 \\
6 \cdot 10 &= 60 \\
6 \cdot 3 &= 18
\end{aligned}
$$

Erst mit dem Zehner multiplizieren, dann mit dem Einer.

$$64 \cdot 3$$

Ich multipliziere zuerst den Zehner mit 3, dann den Einer.

$$
\begin{aligned}
64 \cdot 3 &= 192 \\
60 \cdot 3 &= 180 \\
4 \cdot 3 &= 12
\end{aligned}
$$

Erst den Zehner multiplizieren, dann den Einer.

Halbschriftlich dividieren

$$84 : 6$$

Ich zerlege die Zahl 84 geschickt für das Teilen durch 6.

$$
\begin{aligned}
84 : 6 &= 14 \\
60 : 6 &= 10 \\
24 : 6 &= 4
\end{aligned}
$$

Erst 60 durch 6 gleich 10, dann 24 durch 6 gleich 4.

6
12
18
24
30
36
42
48
54
60

Geometrie

Körper

Eigenschaften von Körpern

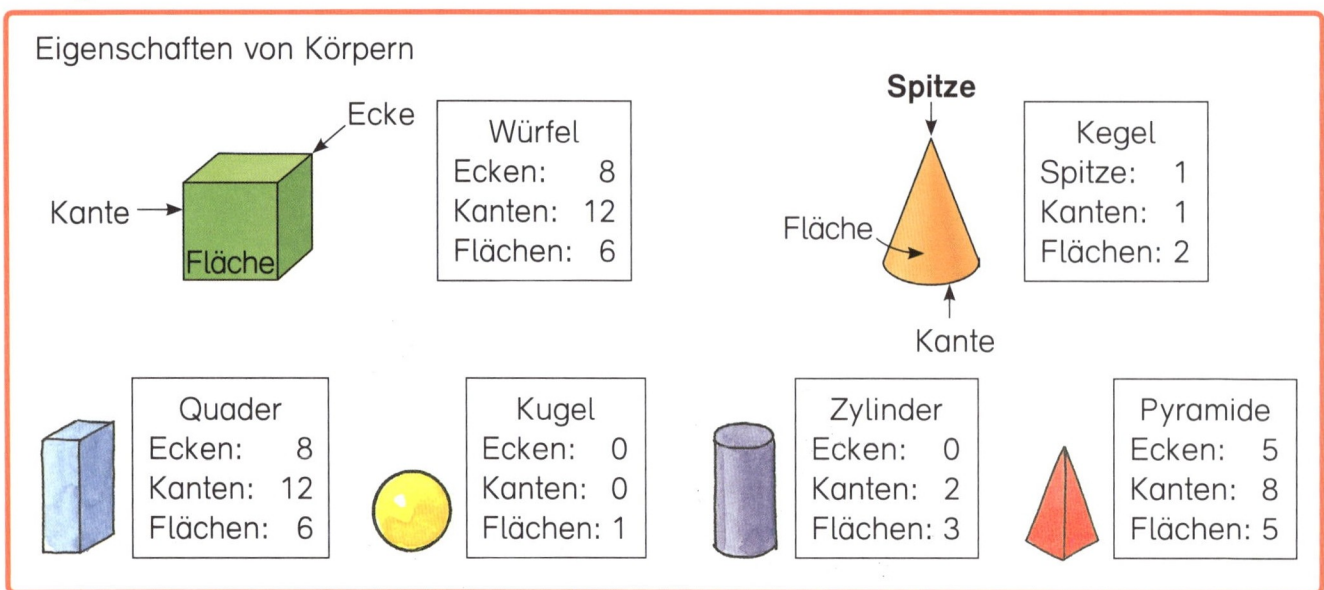

Würfel	
Ecken:	8
Kanten:	12
Flächen:	6

Kegel	
Spitze:	1
Kanten:	1
Flächen:	2

Quader	
Ecken:	8
Kanten:	12
Flächen:	6

Kugel	
Ecken:	0
Kanten:	0
Flächen:	1

Zylinder	
Ecken:	0
Kanten:	2
Flächen:	3

Pyramide	
Ecken:	5
Kanten:	8
Flächen:	5

Netze von Körpern

Deckungsgleiche Figuren kann man genau aufeinander legen.

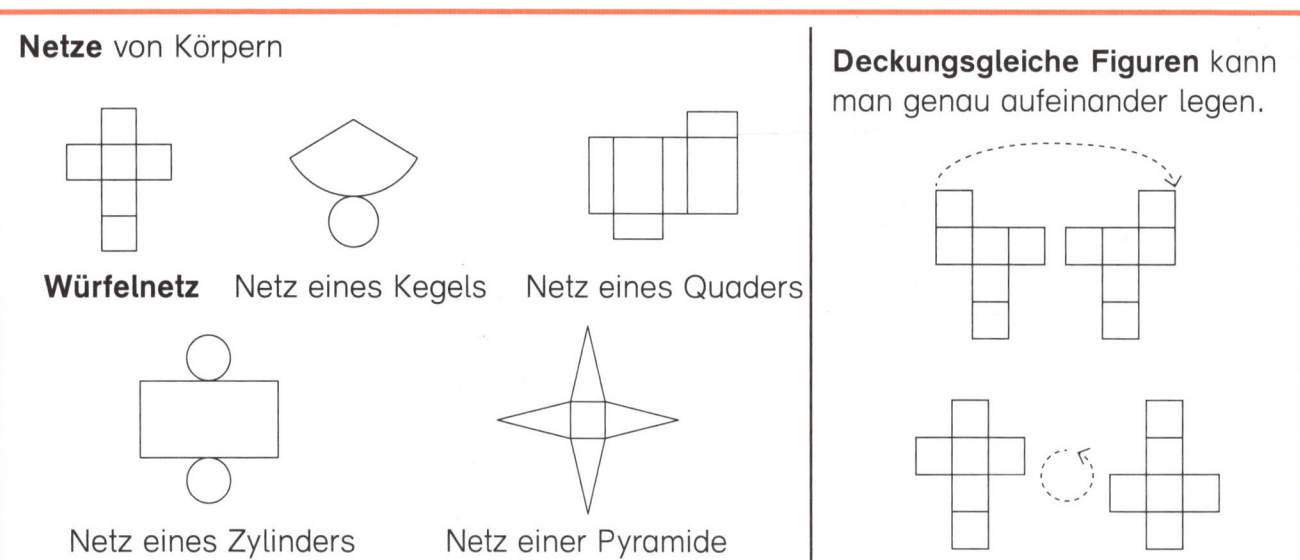

Würfelnetz   Netz eines Kegels   Netz eines Quaders

Netz eines Zylinders   Netz einer Pyramide

Flächen

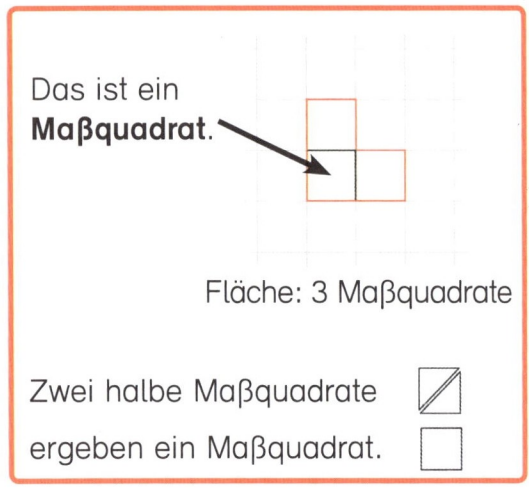

Das ist ein **Maßquadrat**.

Fläche: 3 Maßquadrate

Zwei halbe Maßquadrate

ergeben ein Maßquadrat.

Symmetrie

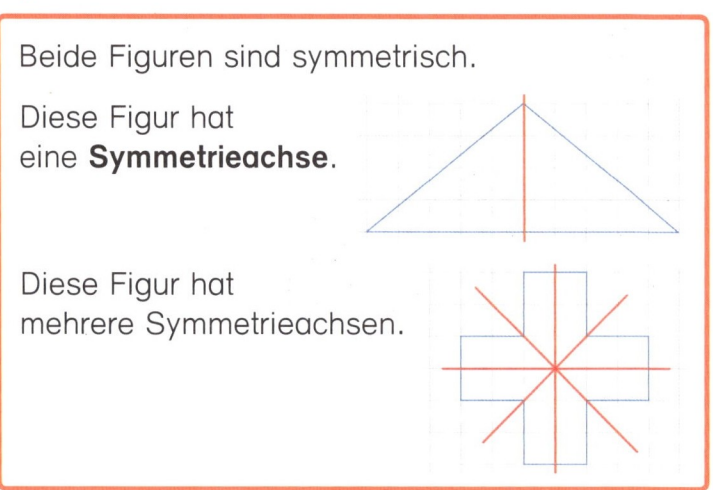

Beide Figuren sind symmetrisch.

Diese Figur hat eine **Symmetrieachse**.

Diese Figur hat mehrere Symmetrieachsen.

Abbildungen: Angelika Citak, Wipperfürth (Quader, Kugel, Zylinder, Pyramide), Karoraster mit Maßquadraten, symmetrische Figuren); Karoline Kehr, Hamburg (Würfel, Kegel); Langner & Partner Werbeagentur GmbH (Körpernetze)

Multiplizieren und Dividieren

Multiplizieren und dividieren

multiplizieren

$5 \cdot 6 = 30$

↑

Produkt

Dividieren heißt geteilt rechnen.

$30 : 6 = 5$

$30 : 5 = 6$

P.: $6 \cdot 5 = 30$

Mit einer **Probe** (P.) wird
das Ergebnis kontrolliert.

$32 : 5 = 6 \text{ R } 2$

P.: $6 \cdot 5 + 2 = 32$

Punktrechnung und Strichrechnung

Regel:

Punktrechnung ⊙ ⊙
geht vor
Strichrechnung ⊕ ⊖

$2 + \underline{3 \cdot 4} = 2 + 12 = 14$

$40 - \underline{14 : 2} = 40 - 7 = 33$

Vielfache

$1 \cdot 6 = 6$

$2 \cdot 6 = 12$

$3 \cdot 6 = 18$

$4 \cdot 6 = 24$

...

6, 12, 18, 24, ... sind
alles **Vielfache** von 6.

Teiler

$12 : 1 = 12$

$12 : 2 = 6$

$12 : 3 = 4$

$12 : 4 = 3$

$12 : 6 = 2$

$12 : 12 = 1$

1, 2, 3, 4, 6 und 12 sind
die **Teiler** von 12.

Sachrechnen und Größen

Geld

Drei Euro fünfundzwanzig Cent

Drei Komma zwei fünf Euro

325 ct = 3 € 25 ct = 3,25 €

Das Komma trennt Euro und Cent.

Zeit

Minute und **Sekunde**

1 Minute hat 60 Sekunden.
1 min = 60 s

Zeit

Viertelstunde	halbe Stunde	Dreiviertelstunde	eine Stunde
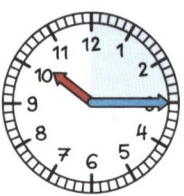	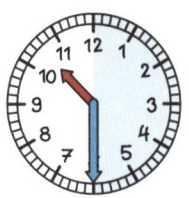		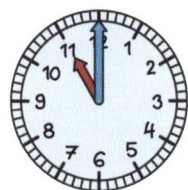
$\frac{1}{4}$ h = 15 min	$\frac{1}{2}$ h = 30 min	$\frac{3}{4}$ h = 45 min	1 h = 60 min

Längen

Ein Meter fünfundzwanzig Zentimeter

Eins Komma zwei fünf Meter

125 cm = 1 m 25 cm = 1,25 cm

Das Komma trennt Meter und Zentimeter.

Meter, Zentimeter, Dezimeter und **Millimeter**

1 Meter hat 100 Zentimeter.
1 m = 100 cm

1 Dezimeter hat 10 Zentimeter.
1 dm = 10 cm

1 Zentimeter hat 10 Millimeter.
1 cm = 10 mm

Kilometer und **Meter**

Ein Kilometer hat 1000 Meter.
1 km = 1000 m
Ein halber Kilometer hat 500 Meter.
$\frac{1}{2}$ km = 500 m
Ein viertel Kilometer hat 250 Meter.
$\frac{1}{4}$ km = 250 m
Ein dreiviertel Kilometer hat 750 Meter.
$\frac{3}{4}$ km = 750 m

Abbildungen: Angelika Citak, Wipperfürth (Uhren)

Addieren und subtrahieren dreistelliger Zahlen

460 + 390

$4\ 6\ 0 + 3\ 9\ 0 = 8\ 5\ 0$
$4\ 6\ 0 + 3\ 0\ 0 = 7\ 6\ 0$
$7\ 6\ 0 + \ \ \ 9\ 0 = 8\ 5\ 0$

> Erst plus 300, dann plus 90.

> Erst die Hunderter dazu, dann die Zehner.

530 − 290

$5\ 3\ 0 - 2\ 9\ 0 = 2\ 4\ 0$
$5\ 3\ 0 - 2\ 0\ 0 = 3\ 3\ 0$
$3\ 3\ 0 - \ \ \ 9\ 0 = 2\ 4\ 0$

> Erst minus 200, dann minus 90.

> Erst die Hunderter weg, dann die Zehner.

Schriftlich addieren und subtrahieren

Stellengerecht untereinander heißt:
Einer unter Einer,
Zehner unter Zehner,
Hunderter unter Hunderter.

```
  H Z E
  3 4 2
+ 6 1 5
───────
  9 5 7
```

Hier gibt es einen **Übertrag**.

```
  H Z E
  4 3 8
+ 2 5 4
    1
───────
  6 9 2
```

Hier gibt es zwei **Überträge**.

```
  H Z E
  5 6 8
+ 2 4 5
  1 1
───────
  8 1 3
```

Ein **Überschlag** (Ü.)
ist nah an der Aufgabe und
leicht im Kopf zu rechnen.

442 + *297 = __

Ü.: 450 + 300 = 750

682 − 347 = __

Ü.: 700 − 350 = 350

Mit einer **Probe** (P.)
wird das Ergebnis
kontrolliert.

```
P.:  5 3 3
   + 2 1 3
   ───────
     7 4 6
```

```
  7 4 6
- 2 1 3
───────
  5 3 3
```

```
P.:
     7 4 6
   - 5 3 3
   ───────
     2 1 3
```

Gewicht

Kilogramm und Gramm

Ein Kilogramm hat 1000 Gramm.

$1 \text{ kg} = 1000 \text{ g}$

Ein halbes Kilogramm hat 500 Gramm.

$\frac{1}{2} \text{ kg} = 500 \text{ g}$

Ein viertel Kilogramm hat 250 Gramm.

$\frac{1}{4} \text{ kg} = 250 \text{ g}$

Sachrechnen – Daten

Balkendiagramm

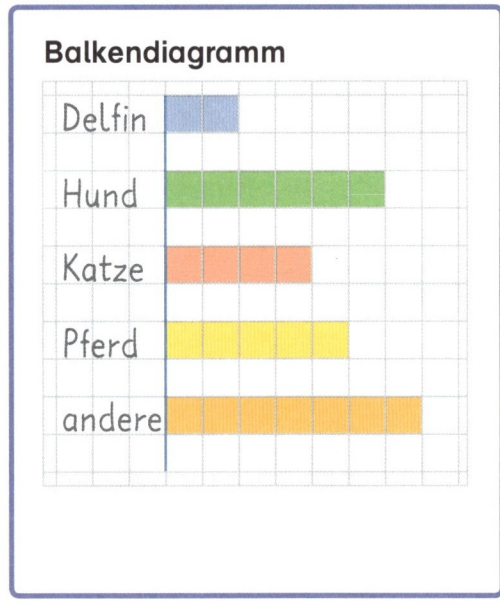

Säulendiagramm

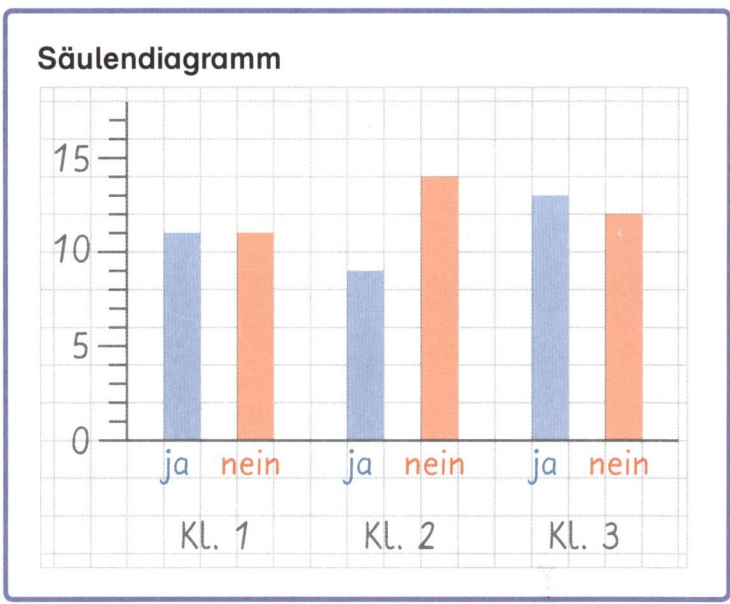

Sachrechnen – Zufall und Wahrscheinlichkeit

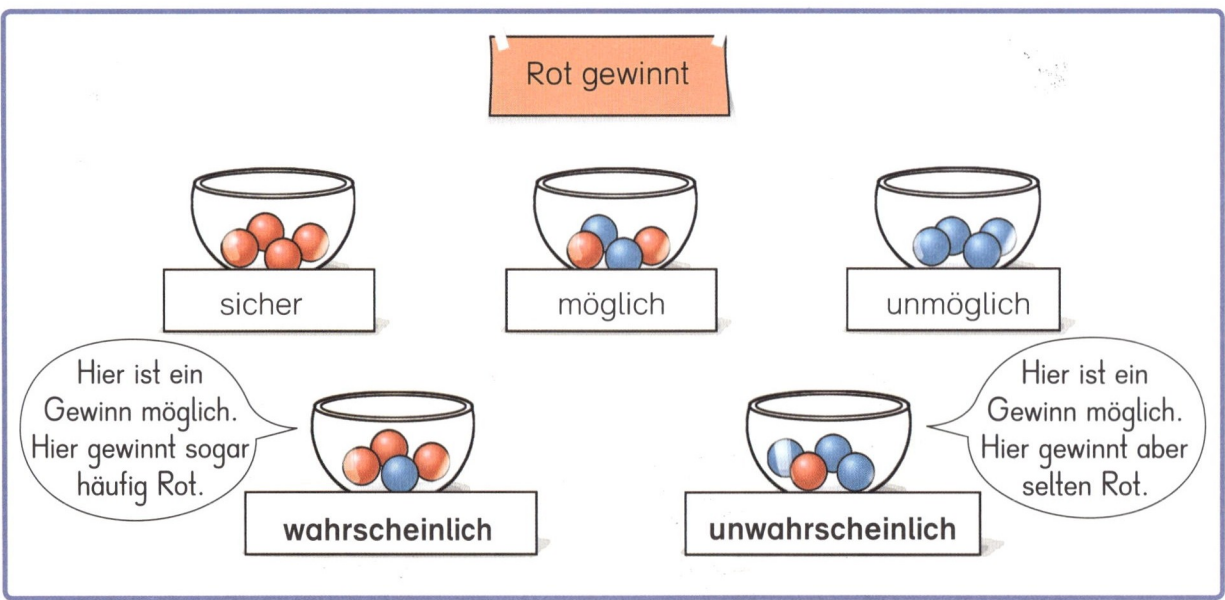

Abbildungen: Karoline Kehr, Hamburg (Sachsituation „Rot gewinnt")

Geometrie

Erarbeitet von

Judith Beerbaum, Sina Buchborn-Hofer,
Antonia Dehne, Anja Göttlicher,
Katrin Klöckner, Sarah Pfleger, Britta Wettels
und Stephanie Zippel

in Zusammenarbeit mit der
Westermann-Grundschulredaktion

Unter Beratung von

Henrieke Peter

Illustriert von

Angelika Citak, Heike Heimrich und
Karoline Kehr

Flex und Flo
Mathematik

Zeichenerklärung

 Schreibe ins Heft.

 Male / Zeichne mit der entsprechenden Farbe.

 Streiche durch, was nicht passt.

 Ordne zu.

 Kreise ein.

 Kreuze an.

 Benutze Material.

 Bearbeite die Aufgabe in Partnerarbeit.

Mathekonferenz: Tausche dich mit anderen Kindern über deine Ideen, deine Vorgehensweise oder deine Ergebnisse aus.

> **Addieren**
> heißt plus rechnen.

Hier steht ein neues Fachwort.

> **Grundaufgabe**
> 2 + 2 = 4, also
> 32 + 2 = 34

Hier steht ein neues Fachwort oder ein neues Beispiel, wie du über Mathematik sprechen kannst.

 Verweis auf passenden Diagnosetest im Flex und Flo Diagnoseheft 3, ISBN 978-3-14-118233-0

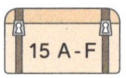 Verweis auf passende herausfordernde Aufgaben in der Flex und Flo Entdeckerkartei 3, ISBN 978-3-14-118245-3

 Verweis auf passende interaktive Übungen

1 Aufgabe aus dem Anforderungsbereich I
Reproduzieren: erfordert Grundwissen und das Ausführen von Routinetätigkeiten

1 Aufgabe aus dem Anforderungsbereich II
Zusammenhänge herstellen: erfordert das Erkennen und Nutzen von Zusammenhängen

1 Aufgabe aus dem Anforderungsbereich III
Verallgemeinern und Reflektieren: erfordert komplexe Tätigkeiten wie Strukturieren, Entwickeln von Strategien, Beurteilen und Verallgemeinern

 Einführung von Fachwörtern oder Redemitteln
Eine Sammlung der im Heft eingeführten Fachwörter und Redemittel zum Nachschlagen findet sich auf der letzten Doppelseite und der Beilage „Fachwörter und Redemittel 3". Die Beilage ist im Nachkaufset erhältlich. ISBN 978-2-14-118271-2

 Medienbildung und Mathematiklernen verbinden
Anregung zur Bearbeitung mathematischer Lerninhalte mit digitalen Werkzeugen

Inhaltsverzeichnis

1 Wie viele Quadrate sind es?

Alle Seiten sind gleich lang.

Quadrat

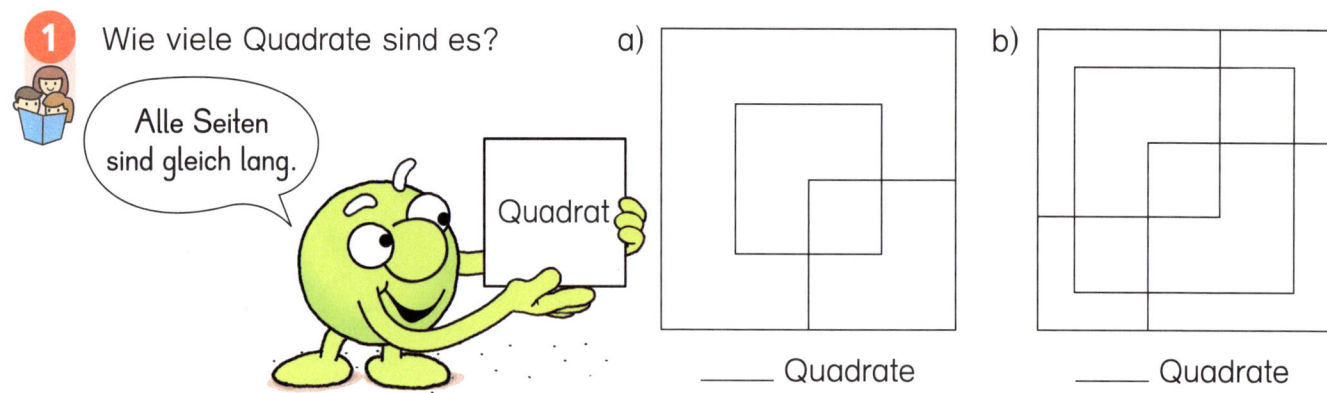

a)

_____ Quadrate

b)

_____ Quadrate

2 Immer zwei Teile ergeben zusammen ein Quadrat.
Male passende Teile mit der gleichen Farbe an. Ein Teil bleibt übrig.

a)

b)

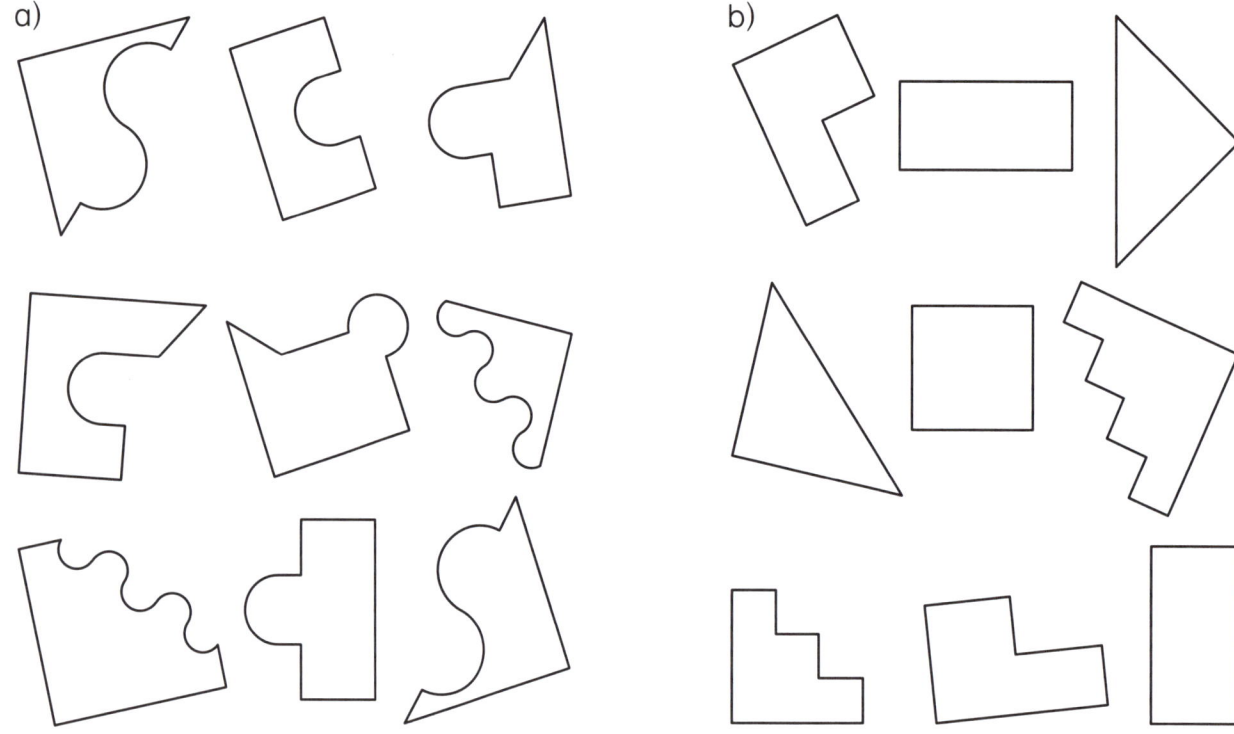

3 Zerschneide selbst Quadrate und erstelle ein Legespiel für dein Partnerkind.

4 Immer drei Teile ergeben zusammen ein Quadrat.
Male passende Teile mit der gleichen Farbe an.

Wahrnehmung

1 Immer ein Bild gehört nicht in die Reihe. Welches? Streicht durch und begründet.

a)

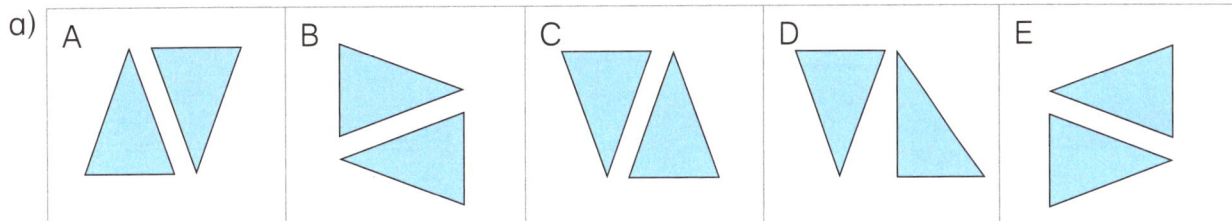

Das Bild gehört nicht in die Reihe, weil _____

b)

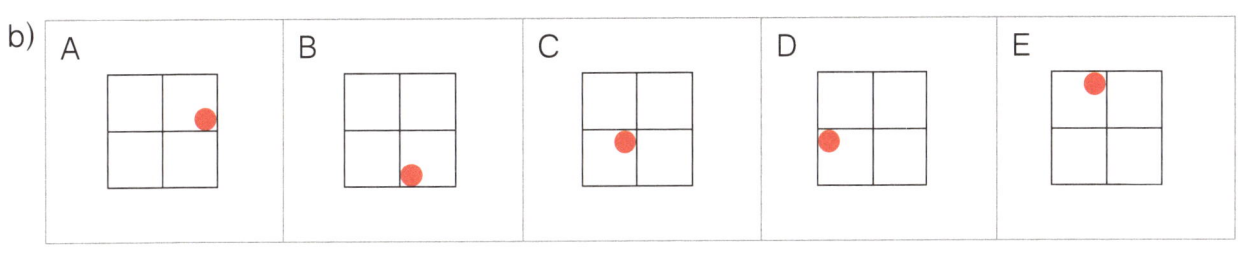

_____

c)

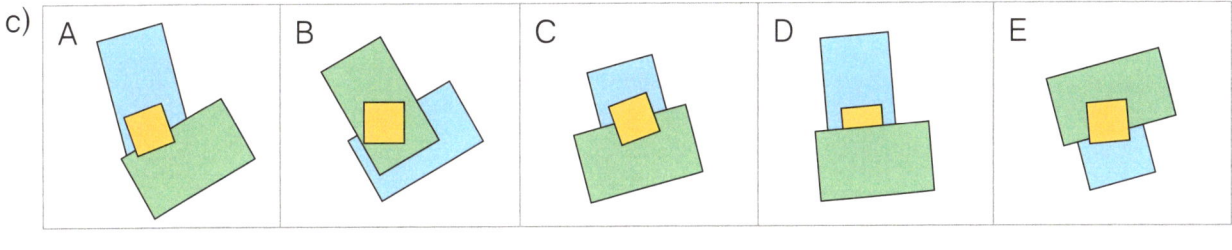

_____

2 Wie geht das Muster weiter? Kreuze an.

a)

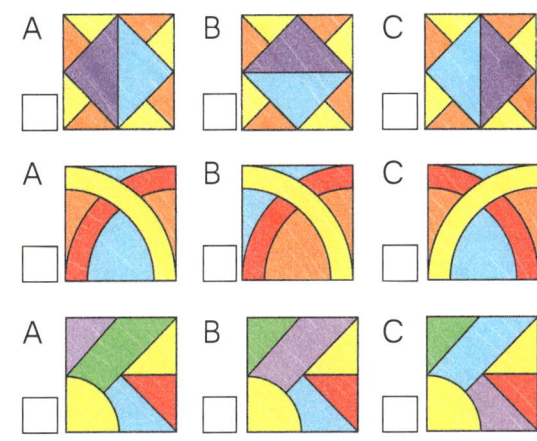

Datum: _____

1 Welche Flächen entdeckt ihr in dem Bild?

 Quadrate, _____

2 Finde diese Ausschnitte in dem Bild.
Zeichne sie in dein Heft. Färbe sie wie Flex.

a)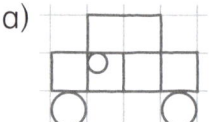

b)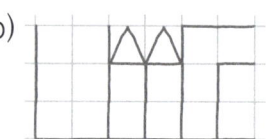

c)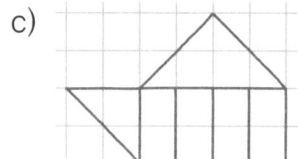

d)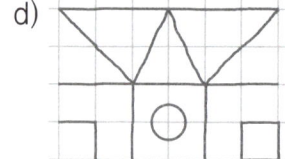

2 a)

3 a) Suche eigene Ausschnitte in dem Bild und zeichne sie in dein Heft.

b) Dein Partnerkind findet die Ausschnitte und färbt sie wie Flex.

4 Zeichne ab.

a)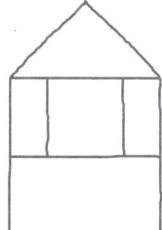

b)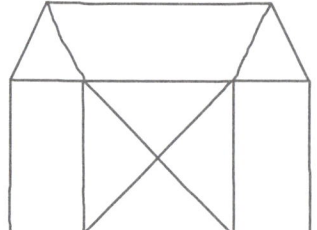

c)

d)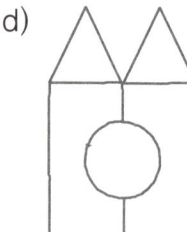

4 Karo- oder Blankopapier nutzen.

Freihandzeichnen

1 Zeichne die Figuren.

a)
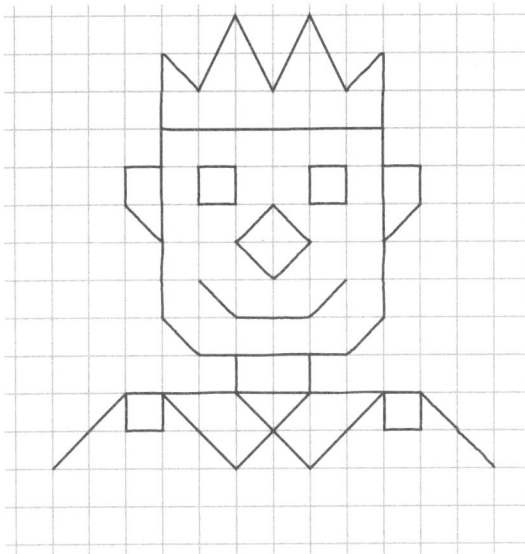

b)
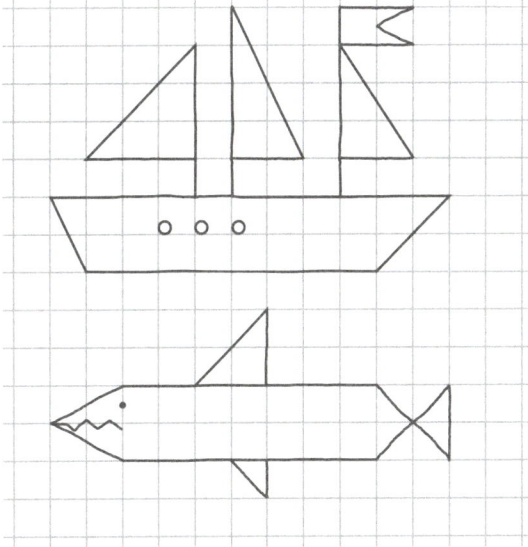

2 Zeichne, ohne abzusetzen. Zeichne keine Linie doppelt.

a)
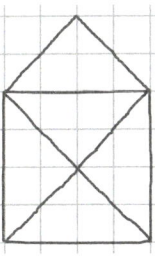

b)
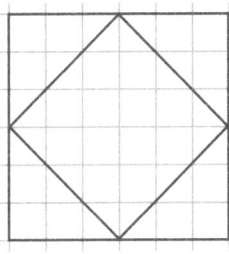

c)
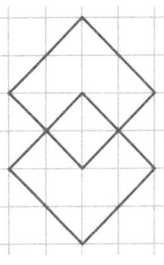

d)
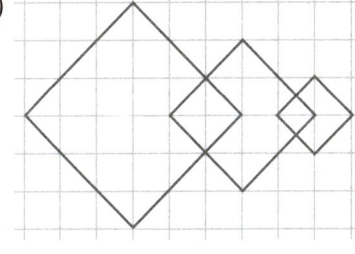

Zeichnen und färben

1 Färbe mit möglichst wenig verschiedenen Farben.
Beachte die Regel von Flex.

a)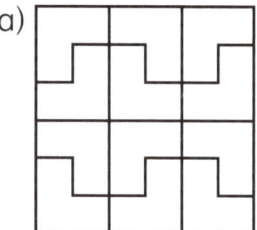

b)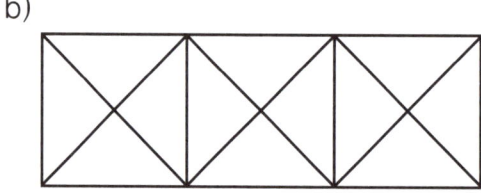

c)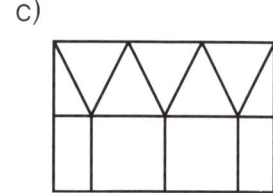

2 Färbe wie in Aufgabe 1 mit möglichst wenig verschiedenen Farben.
Wie viele Farben brauchst du?

a)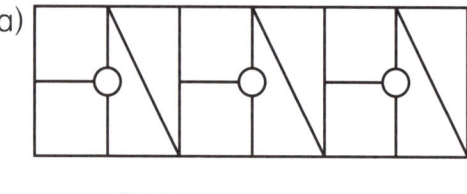

_____ Farben

b)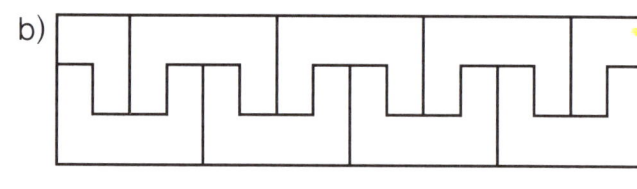

_____ Farben

3 a) Zeichne ein eigenes Muster in dein Heft. Färbe mit der Regel von Flex.
Wie viele Farben brauchst du mindestens?

b) Zeichne ein eigenes Muster, das du mit nur zwei Farben färben kannst.

4 Überlegt gemeinsam. Es soll mit möglichst wenig verschiedenen Farben gefärbt werden.
Beachtet die Regel. Wie viele Farben braucht ihr?

a)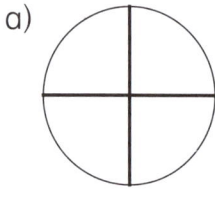

_____ Farben

b)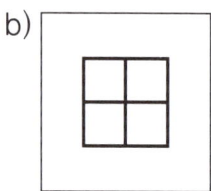

_____ Farben

c)

_____ Farben

d)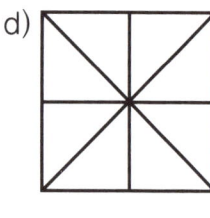

_____ Farben

8

Körper

1 Welcher Körper ist es? Male die Körper mit der passenden Farbe an.

🖍 Würfel
🖍 Quader
🖍 Kugel
🖍 Zylinder
🖍 Pyramide
🖍 Kegel

a)

b)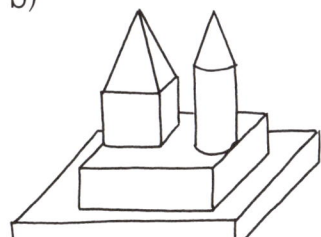

c)

2 Welche Körper entdeckst du?

a)
Kirchturm
im Reschensee

b)
Atomium
in Brüssel

c)
Pilsumer
Leuchtturm

d)
Schloss Neuschwanstein
in Schwangau

a) Quader, _____

b) _____

c) _____

d) _____

3 Gestaltet eine Ausstellung zum Thema „Geometrische Körper". Ihr könnt:

• Körper aus Knetmasse formen
• Verpackungen sammeln
• Körper in der Umwelt suchen und Fotos machen ...

2,3 📷 **Fotografie:** Eigene Bilder von Körpern in der Umwelt aufnehmen und präsentieren, ggf. ausdrucken und für eine Ausstellung verwenden oder für eine digitale Pinnwand nutzen.

Mein Körper hat
5 Ecken,
8 Kanten
und 5 Flächen.

1 Welchen Körper beschreibt Flex? Begründet.

2 Welcher Steckbrief gehört zu welchem Körper? Trage die Namen der Körper ein.

a)
Würfel
Ecken: 8
Kanten: 12
Flächen: 6

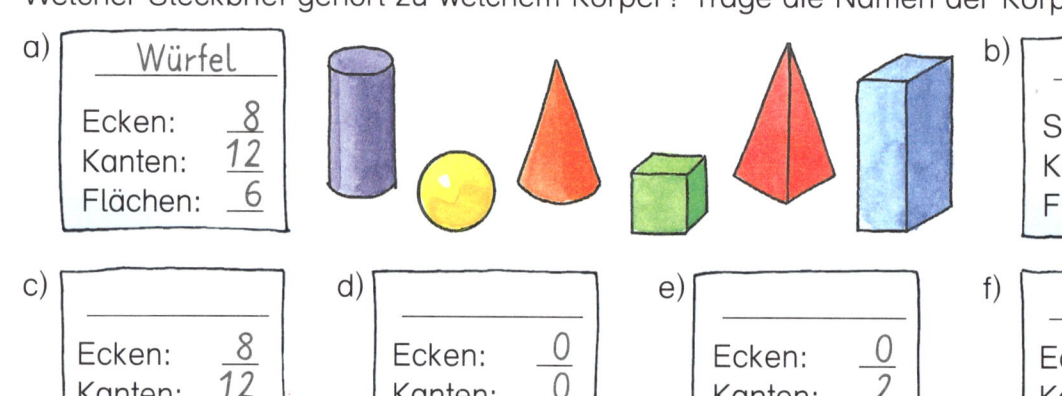

b)
_____
Spitze: 1
Kanten: 1
Flächen: 2

c)
_____
Ecken: 8
Kanten: 12
Flächen: 6

d)
_____
Ecken: 0
Kanten: 0
Flächen: 1

e)
_____
Ecken: 0
Kanten: 2
Flächen: 3

f)
_____
Ecken: 5
Kanten: 8
Flächen: 5

3 Setze die passenden Wörter ein.

Der _____ hat quadratische Flächen.

Die Kugel hat keine _____ und keine _____.

Die _____ hat genauso viele Ecken wie Flächen.

Der Quader hat _____ Flächen.

Der _____ hat drei Flächen, zwei davon sind Kreise.

Der Kegel hat zwei _____.

Zylinder   6   Flächen   Pyramide   Ecken   Würfel   Kanten

4 Welcher Körper passt nicht in die Reihe? Streicht durch und begründet.

A   B   C   D

_____

_____

_____

Kantenmodelle

1 a) Flex baut das Kantenmodell eines Würfels aus Papier.
Wie viele Ecken und Kanten braucht er?

Ecken: _____   Kanten: _____

Ecken falten, schneiden, knicken, kleben.

b) Baut selbst Kantenmodelle verschieden großer Würfel aus Papier.

2 Flo hat auch Kantenmodelle gebaut: einen Würfel und einen Quader.
Vergleicht beide. Was ist gleich? Wo gibt es Unterschiede?

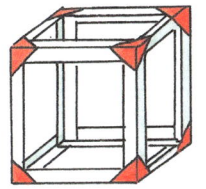

_____

_____

3 Die Spinne möchte zu der Fliege.

a) Notiere verschiedene Wege für beide Kantenmodelle.

b) Wie lang ist jeweils der kürzeste Weg?

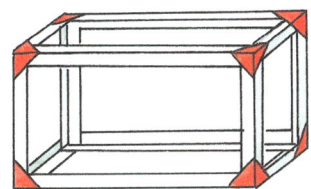

3 a) A → B → C → G
      A →

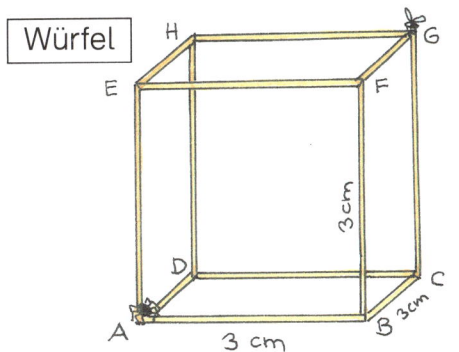

Würfel

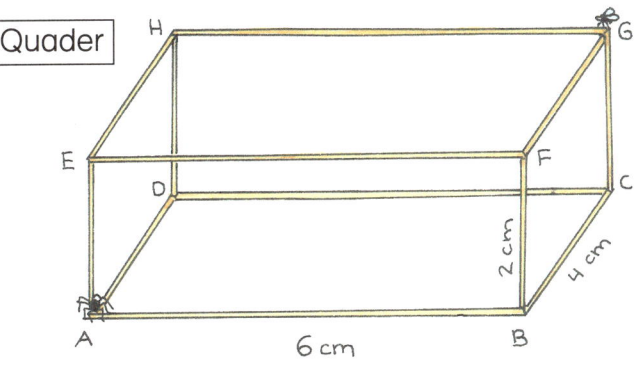

Quader

4 Kann Flo aus so einem Stäbchen
das Kantenmodell des Würfels herstellen?
Begründet.

20 cm

2 cm

5 Flo hat einen 60 cm langen Pappstreifen für die Kanten seines Würfels.

a) Wie lang ist eine Kante, wenn das Kantenmodell möglichst groß werden soll?

b) Wie lang kann eine Kante sein, wenn der Streifen 96 cm lang ist?

1 a) Findet weitere Würfelnetze wie Flex und Flo.

b) Wie viele verschiedene Würfelnetze habt ihr gefunden?

_____

> Verschieden oder gleich?

> **Deckungsgleiche Figuren** kann man genau aufeinander legen.

2 Hier fehlt eine Fläche. Ergänze zu einem Würfelnetz.

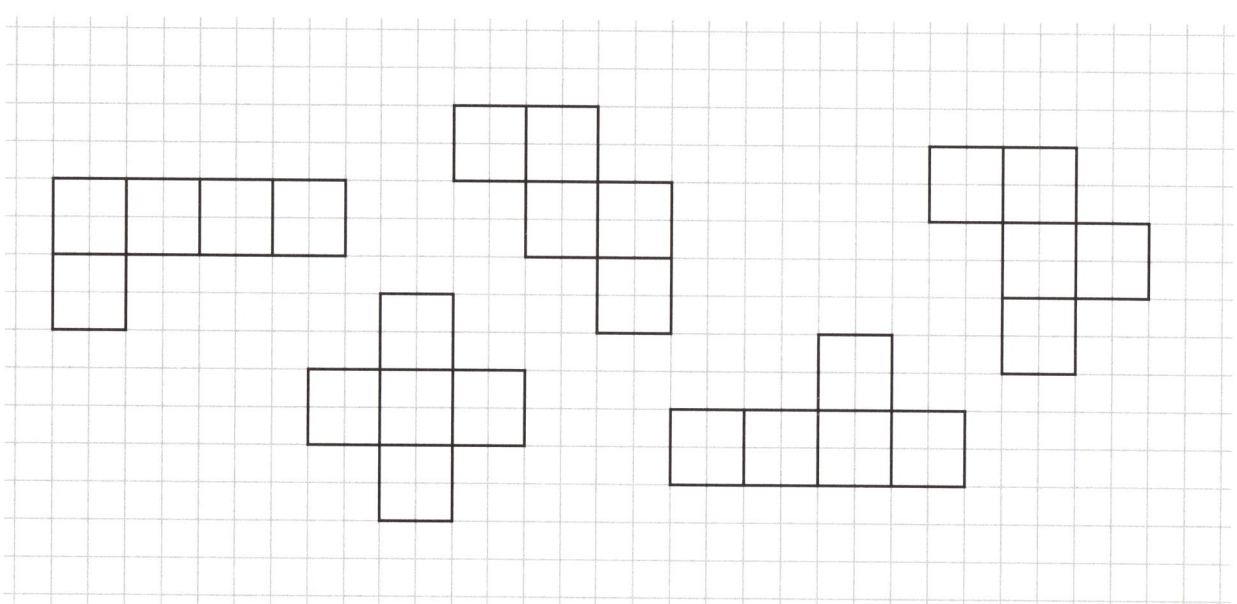

1 Es gibt 11 verschiedene Würfelnetze. Blanko-Kopiervorlage mit Raster zum Einzeichnen und Ausschneiden der Würfelnetze in der Handreichung/BiBox für Lehrer/-innen.

🖥 **App-Anwedung**: Geeignete App nutzen, um das Zusammensetzen von Würfelnetzen und das Auffalten nachzuvollziehen.

Würfelnetze

1 Aus welchen Figuren könnt ihr keinen Würfel falten? Streicht durch und begründet.

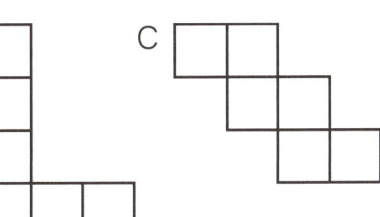 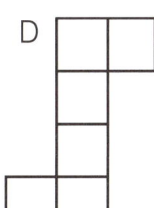 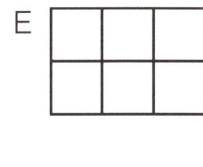

A   B   C   D   E

_____

_____

_____

_____

2 Aus welchen Figuren kannst du Würfel falten? Kreuze an.

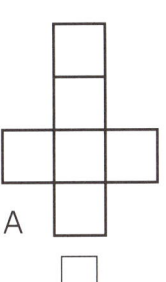 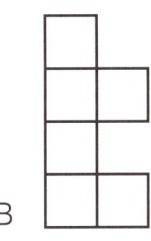 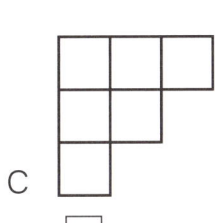 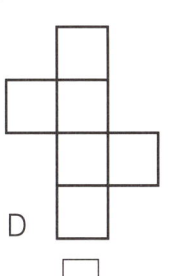 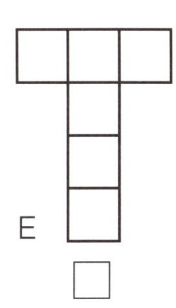

A   B   C   D   E

☐   ☐   ☐   ☐   ☐

3 Welcher Würfel gehört zum Netz? Kreuze an.

a)    A    B    C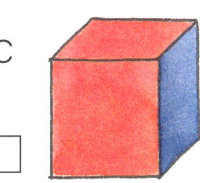

☐   ☐   ☐

b)    A   B    C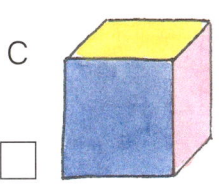

☐   ☐   ☐

4 Flo hat einen Würfel zur Hälfte in rote Farbe getaucht. Färbe die Würfelnetze entsprechend.

 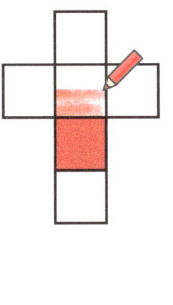 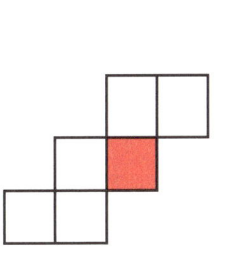 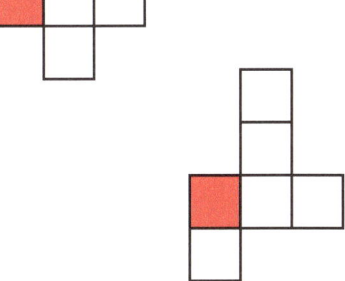

13

Würfelnetze

1 a) Schaue dir die gegenüberliegenden Seiten auf einem Spielwürfel an.
    Vervollständige die Sätze.

Gegenüber der ⚀ liegt die _____.   Gegenüber der ⚀ liegt die _____.

Gegenüber der ⚁ liegt die _____.   Gegenüber der ⚂ liegt die _____.

b) Addiere die gegenüberliegenden Augenzahlen. Was fällt dir auf? Beschreibe.

_____

2 Trage die fehlenden Augenzahlen ein.

a)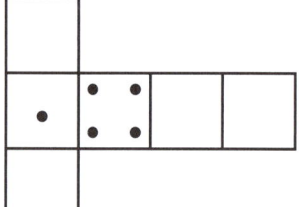

b)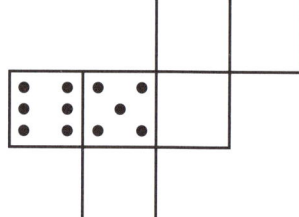

c)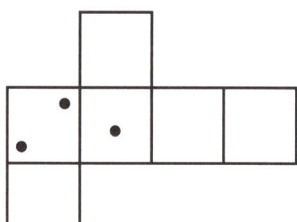

d)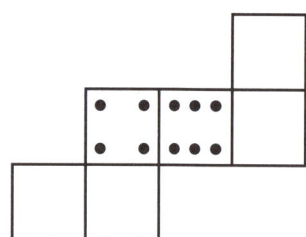

3 Hier fehlt eine Fläche. Ergänze. Trage dann die fehlenden Augenzahlen ein.

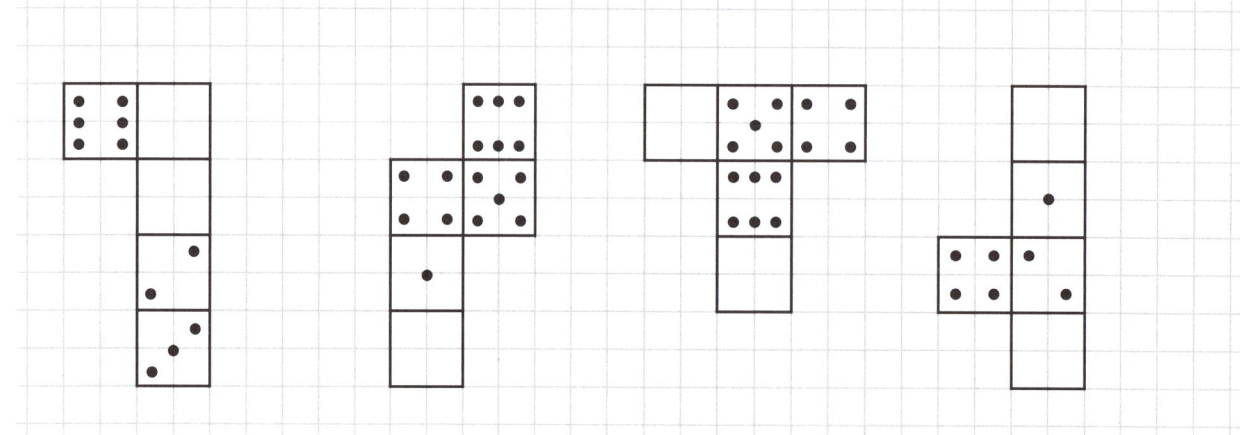

14

Würfelnetze

1 Welche Netze passen nicht zu einem Spielwürfel?
Streiche durch und begründe.

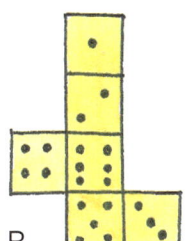
A

B

C

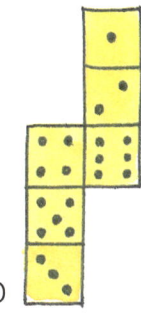
D

_____

_____

_____

2 Welche Zahl liegt oben, wenn du den Würfel wie angegeben kippst?

a)
einmal
nach vorn

b)
einmal
nach rechts

c)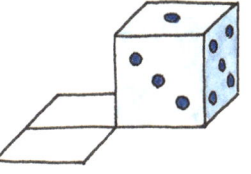
einmal nach hinten
und
einmal nach rechts

d)
einmal nach links
und
einmal nach vorn

e)
zweimal nach rechts
und
zweimal nach vorn

3 Welcher Würfel passt zum Netz?

A

B

C

Auch andere Körper haben **Netze**.

1 a) Welches Netz gehört zu welchem Körper? Verbinde.

b) Zu welchem Körper gibt es kein Netz? _____

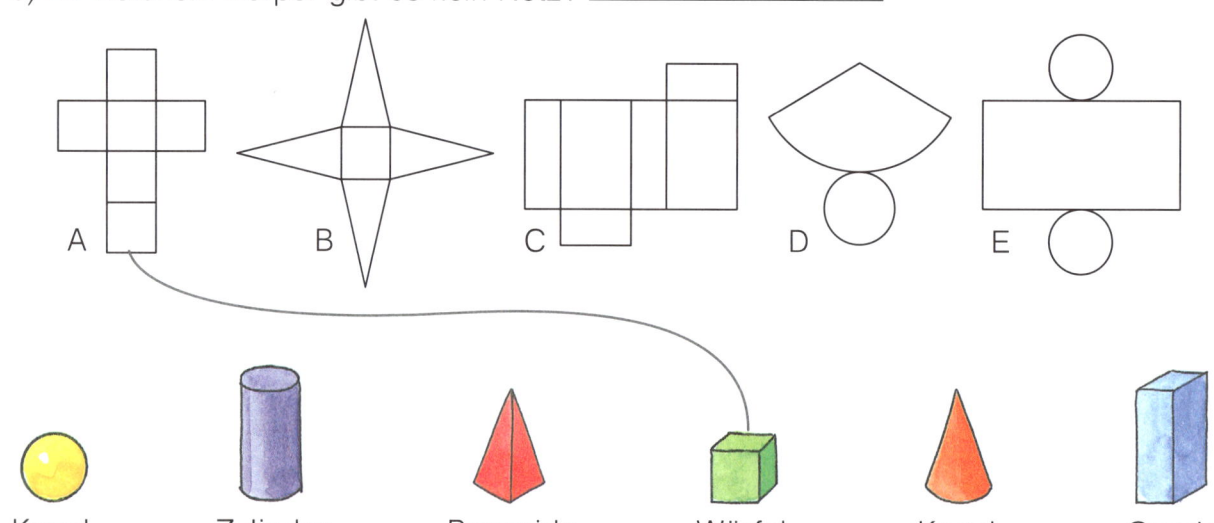

A   B   C   D   E

Kugel   Zylinder   Pyramide   Würfel   Kegel   Quader

2 Aus welchen Figuren kannst du keinen Körper falten? Kreuze an und begründe.

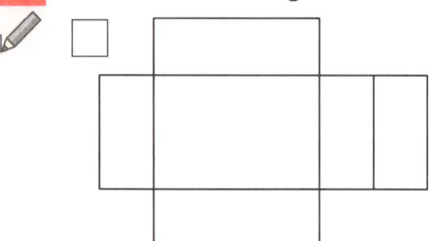   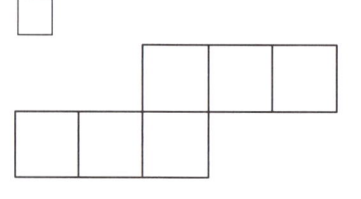   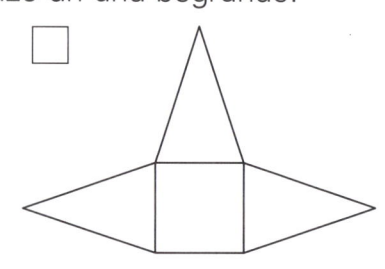

_____

_____

3

Welchen Körper kann Flex aus diesen Flächen bauen?

a)    b)

_____   _____

Würfelgebäude und Baupläne

1 Welcher Bauplan gehört zum Gebäude? Kreuze an.

2	2	3
1	2	2
1		

2	2	3
1	1	2
		1

2  Was gehört zusammen? Verbinde jedes Gebäude mit dem passenden Bauplan.

 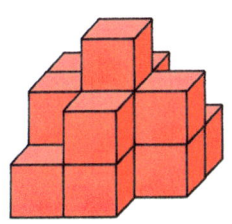 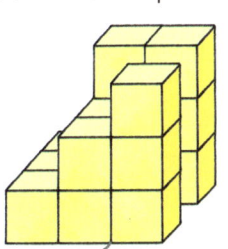 

2	2	1
2	3	2
1	2	

1	3	3
1	2	
1	2	3

3	2	3
3	2	2
	2	1

2	2	1
	3	2
	2	1

3 Baue die Würfelgebäude nach. Schreibe die Baupläne auf. Wie viele Würfel sind es jeweils?

a)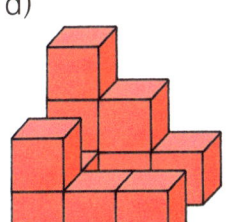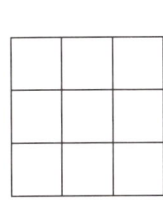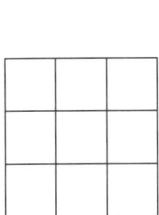
b)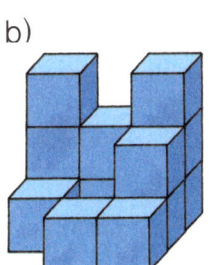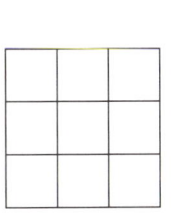
c)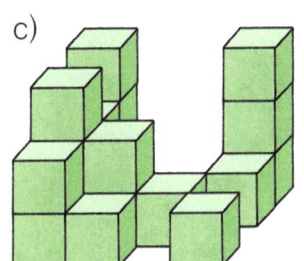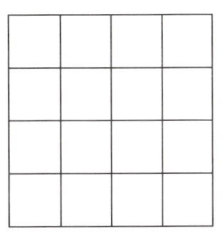
d)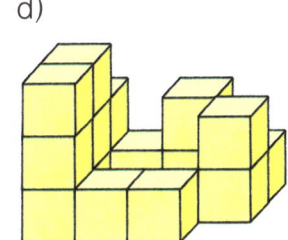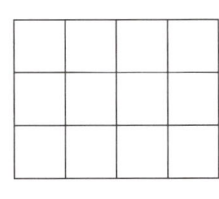

_____ Würfel   _____ Würfel   _____ Würfel   _____ Würfel

4 a) Baue eigene Würfelgebäude. Dein Partnerkind schreibt den Bauplan auf.

b) Schreibe einen Bauplan für ein Gebäude mit 20 Würfeln. Dein Partnerkind baut es.

4 Blanko-Kopiervorlage mit Bauplänen in der Handreichung/BiBox für Lehrer/-innen.
Fotografie: Eigene Würfelgebäude fotografieren und präsentieren, den Bauplänen
zuordnen, ggf. ausdrucken und ein Paarspiel für die Klasse erstellen.
App-Anwendung: Würfelgebäude nach Plan mit geeigneter App digital darstellen.

Würfelgebäude

1 Wie viele Würfel sind es? Notiere deinen Rechenweg.

a)

b)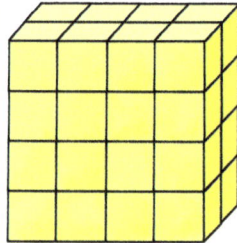

c)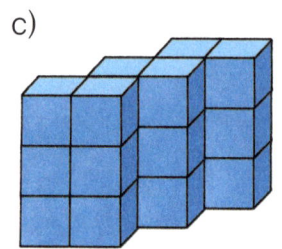

d)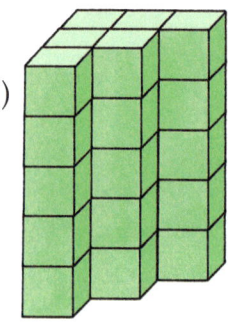

_____   _____   _____   _____

2 Wie viele Würfel braucht Flo für das 4. Würfelgebäude?

1. 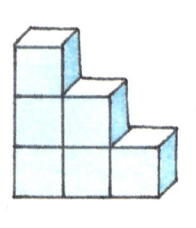   2.    3.    4.

_____ Würfel   _____ Würfel   _____ Würfel   _____ Würfel

3 Wie viele Würfel passen in den Quader? Notiere deinen Rechenweg.

a)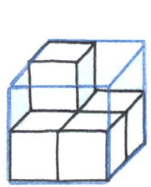

b)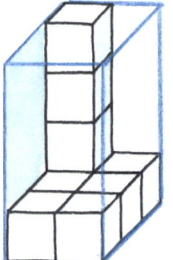

c)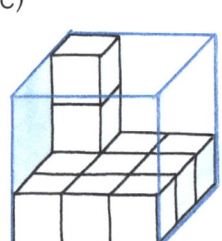

d)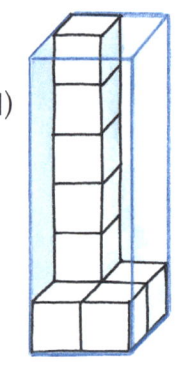

_____   _____   _____   _____

4
a) Aus wie vielen Würfeln sind die Würfelgebäude gebaut?

b) Setzt die Reihe fort. Wie viele Würfel braucht ihr für das 4. Gebäude?

1.   2.   3.

Wie viele Würfel braucht ihr für das 5. und 10. Gebäude?

Bauen mit Winkelsteinen

1 Aus wie vielen Winkelsteinen bestehen die Gebäude? Baue nach und ordne zu.

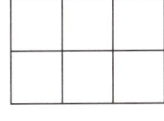

1	2	2
1	1	2

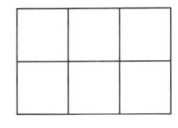

2	2
2	

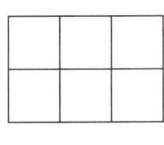

2	2	2
2	2	2

1	1
1	1	2

2	2
2	3

2 Winkelsteine	3 Winkelsteine	4 Winkelsteine

2 Baue verschiedene Gebäude aus fünf Winkelsteinen auf dem Legeplan. Schreibe die Baupläne auf.

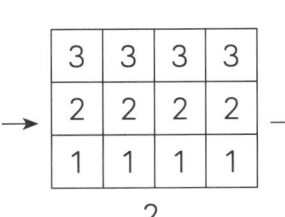

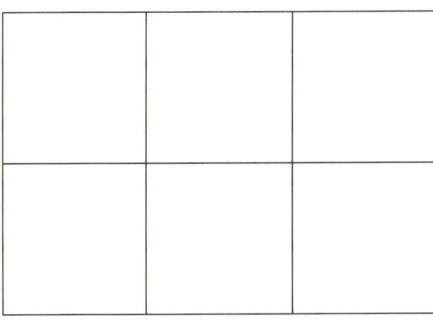

3

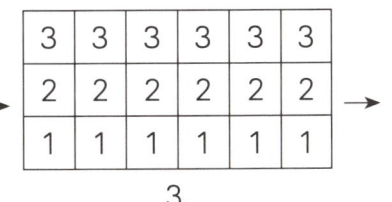

3	3
2	2
1	1

1.

→

3	3	3	3
2	2	2	2
1	1	1	1

2.

→

3	3	3	3	3	3
2	2	2	2	2	2
1	1	1	1	1	1

3.

→ ?

Die Gebäude sehen aus wie ...

a) Baut die drei Gebäude mit den Winkelsteinen nach.
Wie viele Winkelsteine braucht ihr insgesamt?

_____ Winkelsteine

b) Beschreibt die Gebäude. _____
_____

c) Setzt die Reihe fort. Wie sieht das nächste Gebäude aus?
Schreibt den Bauplan in euer Heft. Wie viele Winkelsteine braucht ihr?

2 **Fotografie:** Eigene Gebäude bauen, fotografieren und präsentieren, ggf. ausdrucken und eine Kartei zum Nachbauen und Notieren der Baupläne für die Klasse erstellen.
3c Blanko-Kopiervorlage mit Bauplänen in der Handreichung/BiBox für Lehrer/-innen.

Bauen mit Winkelsteinen

Ein Winkelstein fehlt.

1 Fülle die Quader mit Winkelsteinen aus. Wie viele Winkelsteine fehlen noch?

a)
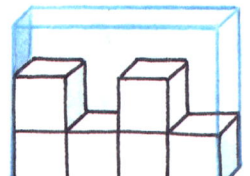

_____ Winkelsteine fehlen

b)
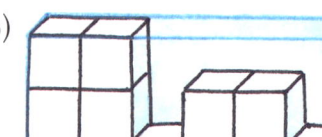

_____ Winkelsteine fehlen

c)

_____ Winkelsteine fehlen

d)
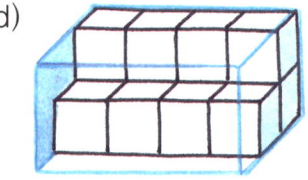

_____ Winkelsteine fehlen

e)
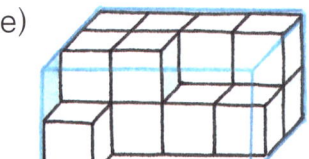

_____ Winkelsteine fehlen

f)
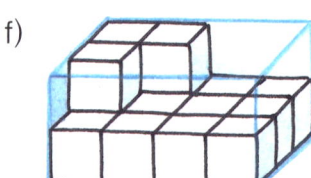

_____ Winkelsteine fehlen

2 a) Wie viele Winkelsteine fehlen noch?
 b) Wie viele Winkelsteine enthält der Quader insgesamt? Was fällt dir auf?

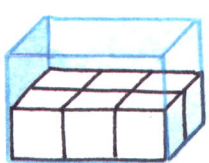

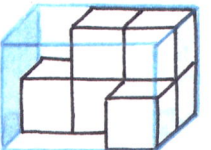

_____ Winkelsteine fehlen

_____ Winkelsteine insgesamt

_____ Winkelsteine fehlen

_____ Winkelsteine insgesamt

_____ Winkelsteine fehlen

_____ Winkelsteine insgesamt

3 a) Baue aus Winkelsteinen verschiedene Quader.
 b) Schreibe jeweils den Bauplan auf.
c) Wie viele Winkelsteine brauchst du jeweils?

Beim Würfel sind alle Kanten gleich lang.

4 a) Baue aus Winkelsteinen einen Würfel.
 b) Schreibe den Bauplan auf.
c) Wie viele Winkelsteine brauchst du?

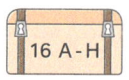

16 A-H

3, 4 Blanko-Kopiervorlage mit Bauplänen in der Handreichung/BiBox für Lehrer/-innen.

Datum: _____

1 Flex und Flo haben das Gebäude von allen Seiten fotografiert. Welche Ansichten sind es?

Ordne zu: | von vorn | | von hinten | | von rechts | | von links | | von oben |

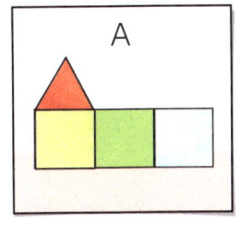 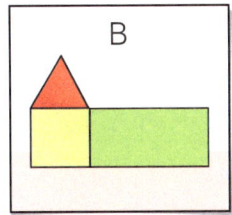 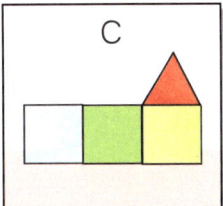 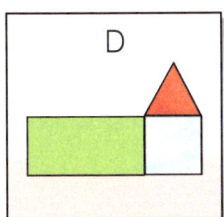 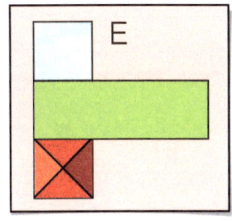

von _____   _____   _____   _____   _____

2 Welche Ansichten des Gebäudes wurden gezeichnet?

 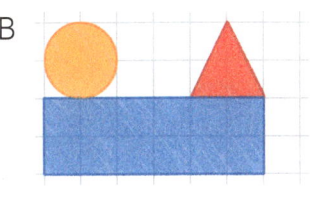

_____   _____

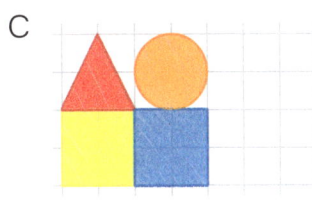 

_____   _____

3 Welche Ansichten des Gebäudes wurden gezeichnet?

 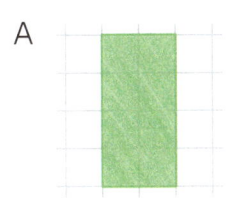 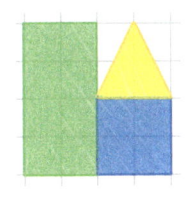 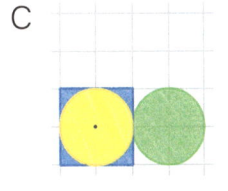 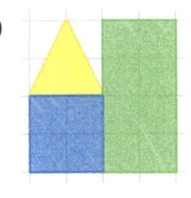

_____   _____   _____   _____

Datum: _____

1 Zeichne zu den Gebäuden die Ansichten.

a)

| von vorn | von rechts | von links |

b)

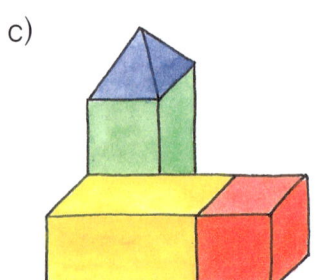

| von vorn | von oben | von hinten |

c)

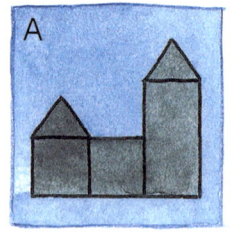
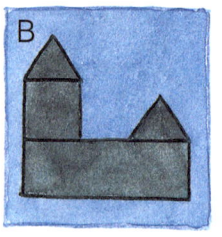

| von links | von rechts | von hinten |

2 a) Welche Bilder passen nicht zu dem Gebäude? Streicht durch und begründet.

_____

_____

b) Von welcher Seite wurden die passenden Bilder jeweils gemacht?

A

B
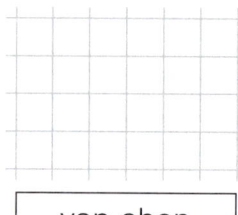

_____   _____

C

D
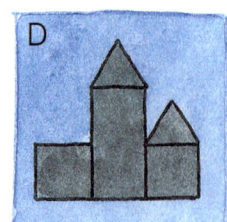

E

F

_____   _____   _____   _____

G2

 17 A–D

1 **Fotografie:** Eigene Gebäude bauen, fotografieren und präsentieren, ggf. speichern und ausdrucken, Ansichten zeichnen.

Orientieren auf Plänen

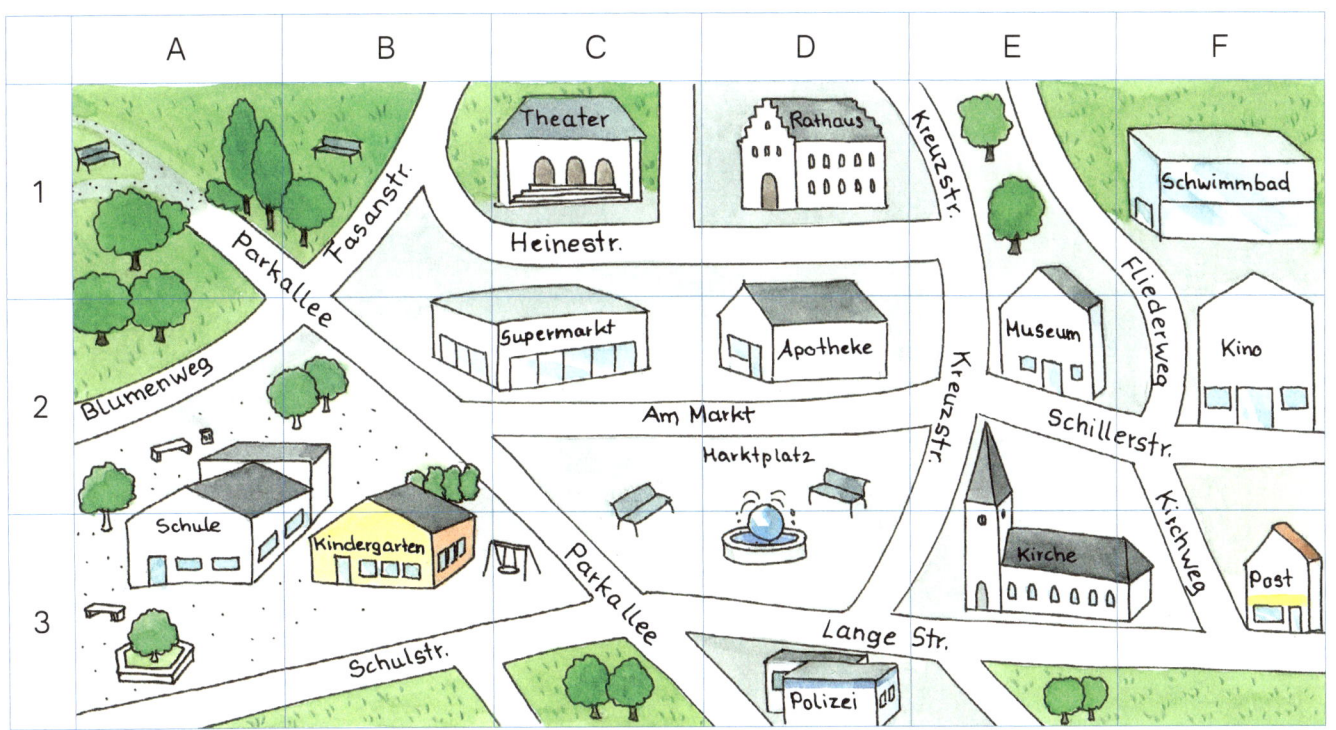

1 Welche Felder sind abgebildet?

a) _____A1_____   b) _____   c) _____   d) _____   e) _____

2 In welchen Feldern liegen die Straßen?

a) Fliederweg: E1 – _____

b) Lange Str.: _____

c) Schulstr.: _____

3 Schreibe den kürzesten Weg auf.

a) Vom Park zum Kino

_____Parkallee – _____

b) Vom Rathaus zur Post

_____

c) Vom Schwimmbad zum Park

_____

d) Vom Theater zum Schwimmbad

_____

3 🔊 **Audioaufnahme:** Startpunkte (Post, Theater, …) und Wege durch Nennung der Plan-
quadrate aufsprechen, andere Kinder bestimmen das Ziel.

23

Flächen

1 Flex hat Flächen an die Tafel gezeichnet.
Welche Körper kann er zum Zeichnen der Flächen verwendet haben?

a) für das Rechteck   b) für das Quadrat   c) für das Dreieck   d) für den Kreis

2 Welche Flächen findest du an den Gegenständen?

a)    b)    c)    d)    e)

a) Rechteck _____

_____

3 Welche Aussagen passen zu den Flächen? Ordne zu.

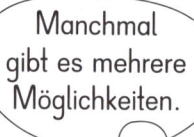
Manchmal gibt es mehrere Möglichkeiten.

Die Fläche hat keine Ecken.   Die Fläche hat nur zwei gleich lange Seiten.   Die Fläche hat drei Seiten.

Je zwei benachbarte Seiten sind gleich lang.   Die Fläche hat vier Seiten. Die gegenüberliegenden Seiten der Fläche sind gleich lang.   Die vier Seiten der Fläche sind gleich lang.

Flächen – Legespiel

1 Stelle ein Legespiel wie Flex und Flo her.
Lege die Figuren.

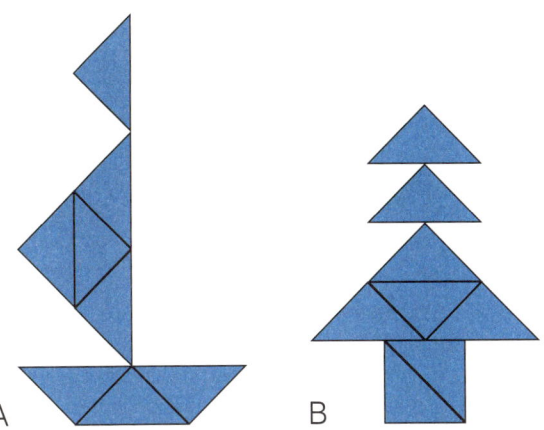

A   B

Die Hälfte von 8 cm.

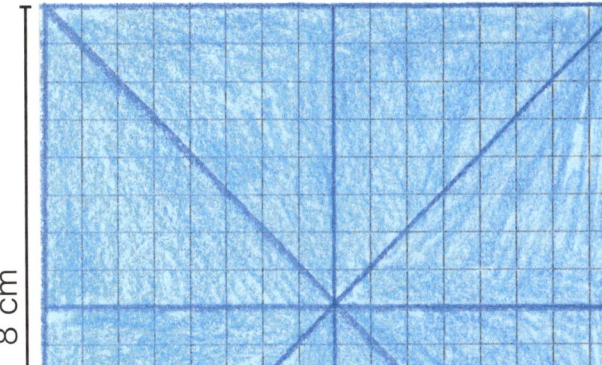

8 cm

8 cm

2 Lege die Figuren.

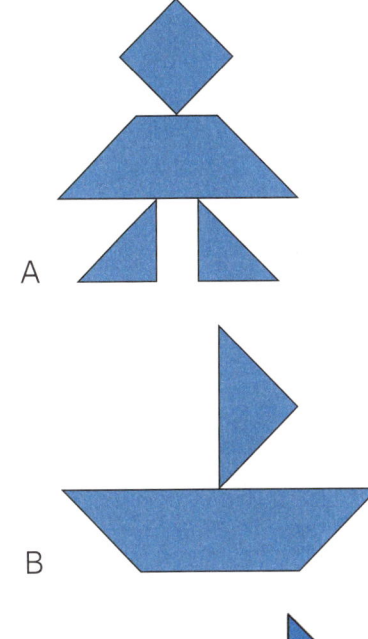

A

B

C   D   E

3 Lege mit allen Dreiecken

a) ein Quadrat,   b) ein Rechteck,   c) ein Dreieck.

4 Erfinde eigene Figuren.
Dein Partnerkind legt sie nach.

4 **Fotografie:** Eigene Figuren legen, fotografieren, präsentieren und nachlegen, ggf. ausdrucken und für eine Kartei in der Klasse nutzen.

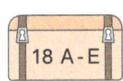 18 A-E

25

Flächen zeichnen

So zeichnest du mit dem Lineal.

1. Kästchen zählen und Eckpunkte mit Kreuzen markieren.

2. Lineal anlegen und Eckpunkte verbinden.

3. Zeichnung prüfen.

1 Zeichne die Fläche wie Flo mit Lineal und Bleistift in dein Heft.

2 Ergänze zu einem Quadrat.

a)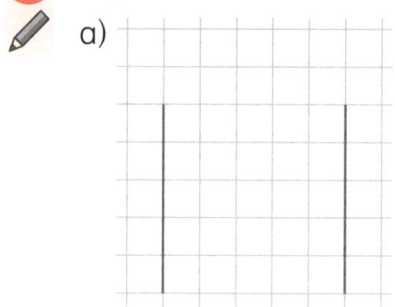

b)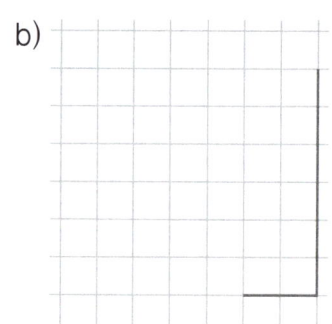

c)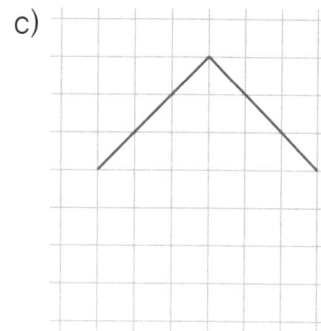

3 Ergänze zu einem Rechteck.

a)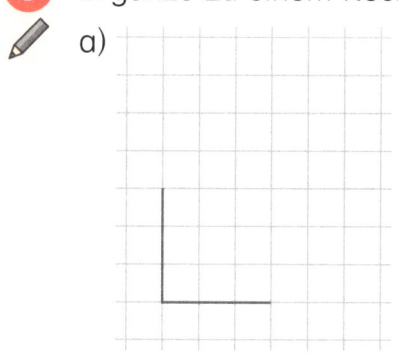

b)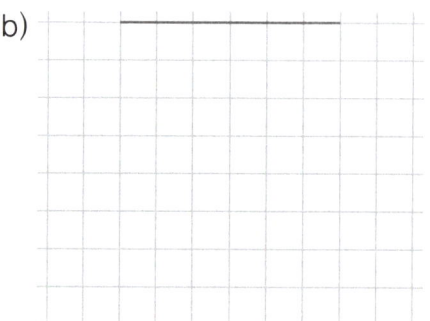

c)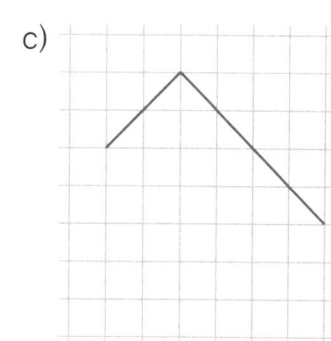

Flächen zeichnen

1
a) Zeichne ein Quadrat.
   Die Seiten sind 3 cm lang.

b) Zeichne ein Rechteck.
   Eine Seite ist 4 cm lang, die andere 2 cm.

3 Zeichne die Muster mit Lineal.

a)
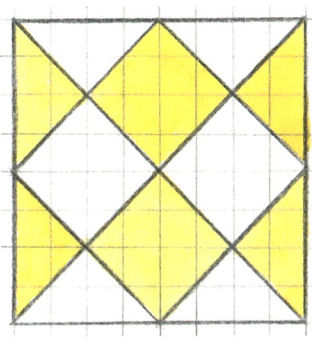

b)

c)

3 Zeichne das Muster weiter. Benutze dein Lineal.

a)
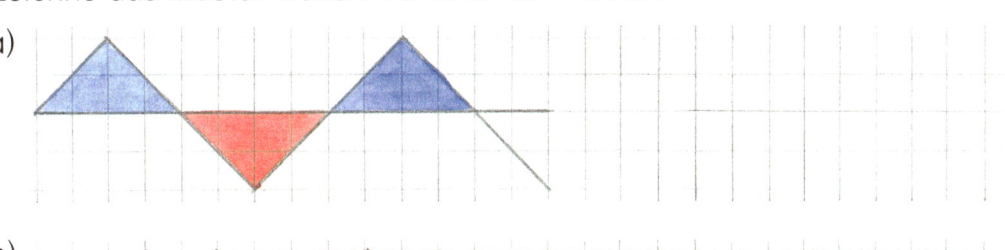

b)

4 Zeichne ein eigenes Muster mit Lineal in dein Heft.

27

1 Spanne die Figuren am Geobrett nach.

a) 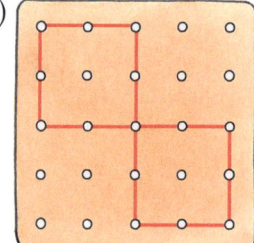   b) 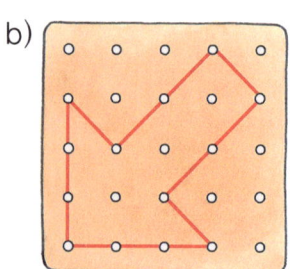   c)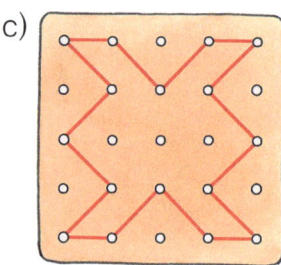

2 a) Spanne nach. Eine Figur passt nicht in die Reihe. Begründe.

Die Figur _____ passt nicht in die Reihe, weil _____

_____

A 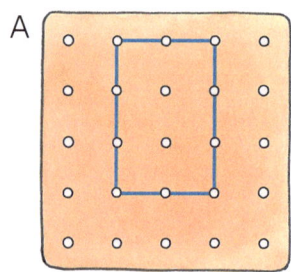   B 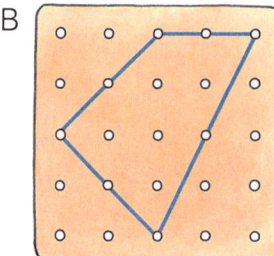   C 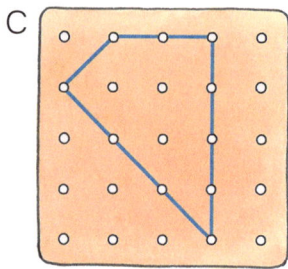   D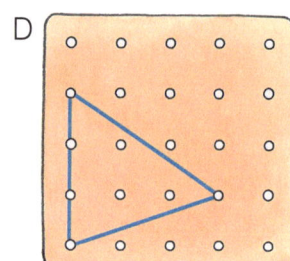

b) Spanne weitere Figuren, die in die Reihe passen. Zeichne.

A 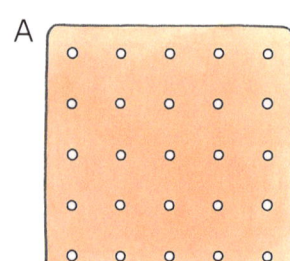   B 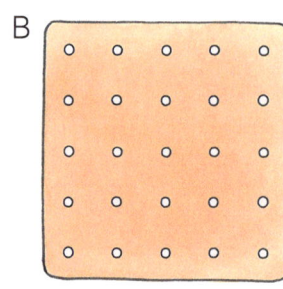   C 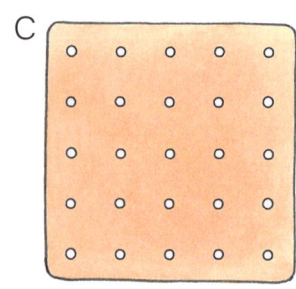   D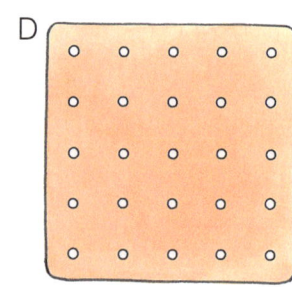

3 Beschreibe die Reihe. Spanne die letzte Figur. Zeichne.

_____

A 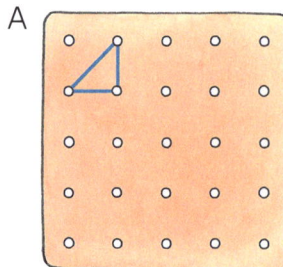   B 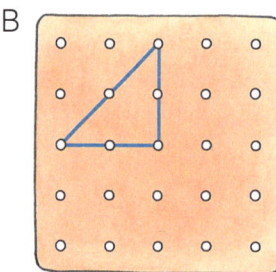   C 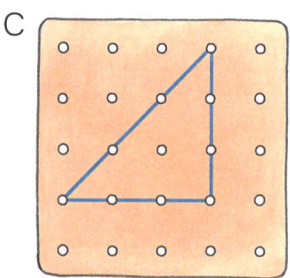   D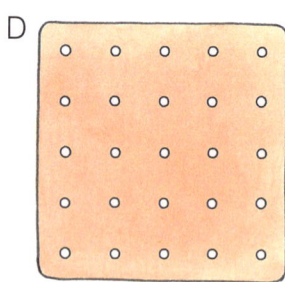

4 a) Spanne und zeichne fünf verschiedene Dreiecke.

b) Spanne und zeichne das größte und das kleinste Quadrat.

5 Spanne eigene Figuren. Dein Partnerkind spannt sie nach.

28

4 Blanko-Kopiervorlage mit Geobrettern in der Handreichung/BiBox für Lehrer/-innen.

🗨 Flächen vergleichen

Das ist ein **Maßquadrat**.

Fläche: 3 Maßquadrate

1 Spanne die Figuren.
Zeichne die Maßquadrate ein. Wie groß sind die Flächen?

a)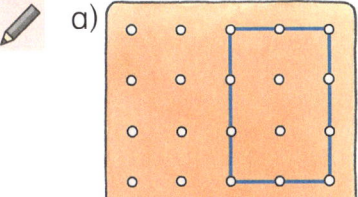

_____ Maßquadrate

b)

_____ Maßquadrate

c)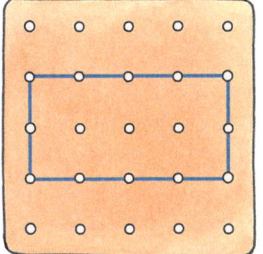

_____ Maßquadrate

d)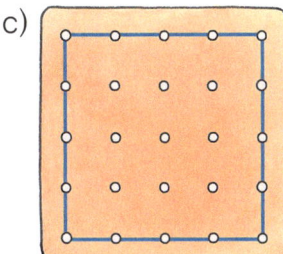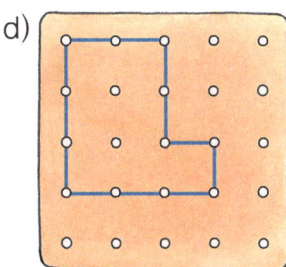

_____ Maßquadrate

Zwei halbe Maßquadrate
ergeben ein Maßquadrat.

2 Spanne die Figuren.
Zeichne die Maßquadrate ein. Wie groß sind die Flächen?

a)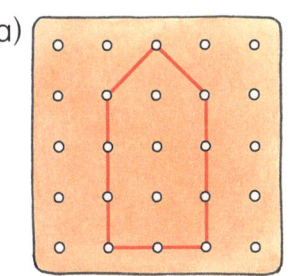

_____ Maßquadrate

b)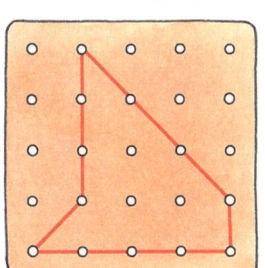

_____ Maßquadrate

c)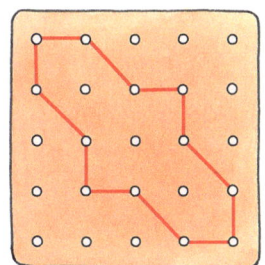

_____ Maßquadrate

d)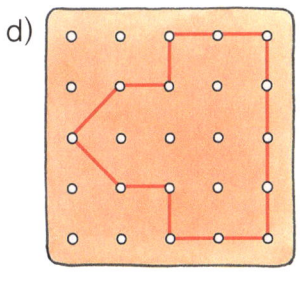

_____ Maßquadrate

e)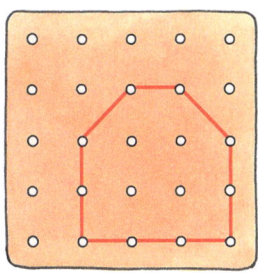

_____ Maßquadrate

f)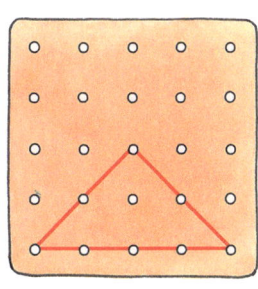

_____ Maßquadrate

g)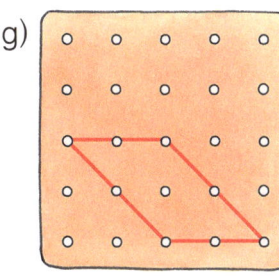

_____ Maßquadrate

29

Flächen vergleichen

1

a) Wie groß sind die Flächen der Figuren?

A 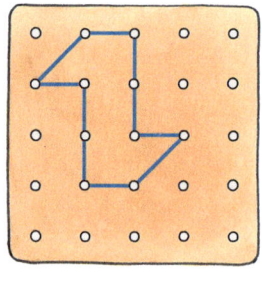   B 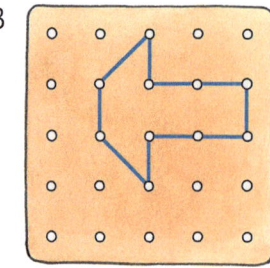   C 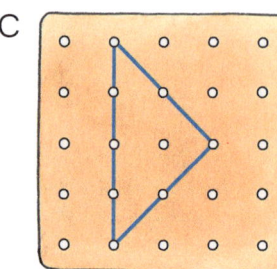   D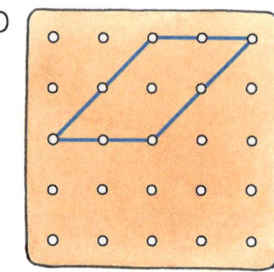

_____ Maßquadrate _____ Maßquadrate _____ Maßquadrate _____ Maßquadrate

b) Was fällt dir auf?

_____

_____

2

Spanne und zeichne verschiedene Figuren mit fünf Maßquadraten.

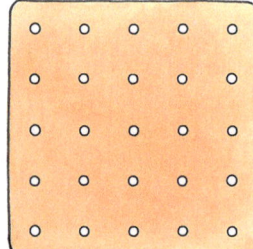 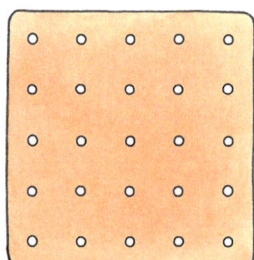 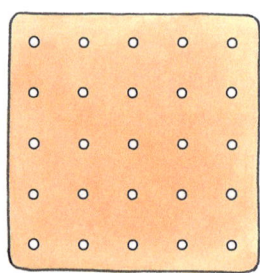 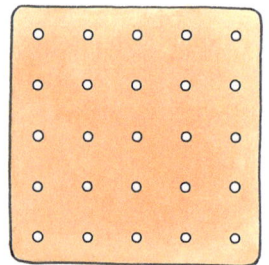

3

Zeichne verschiedene Figuren mit sieben Maßquadraten.

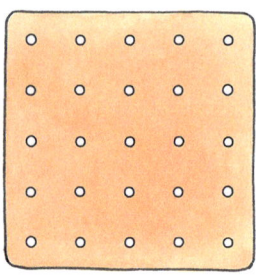 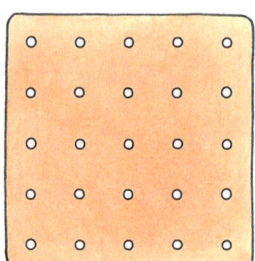 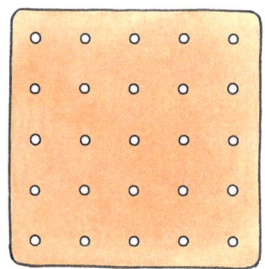 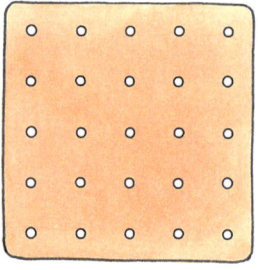

4

Zeichne Quadrate mit der angegebenen Anzahl an Maßquadraten.

a)    b) 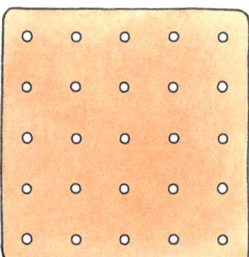   c)    d)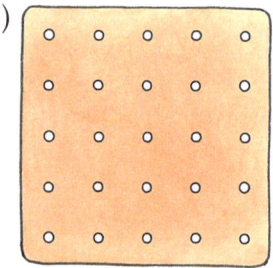

1
Maßquadrat

9
Maßquadrate

16
Maßquadrate

8
Maßquadrate

G3

Symmetrische Figuren zeichnen

Hier ist eine **Symmetrieachse**. Die Figur ist symmetrisch.

Ich finde noch mehr Symmetrieachsen.

1 Zeichne alle Symmetrieachsen rot ein. Benutze ein Lineal.

a)

b)
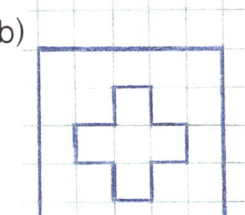

c)
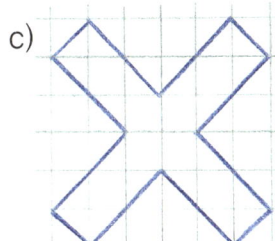

d)

2 Wo sind Symmetrieachsen falsch eingezeichnet? Prüfe und kreuze an.

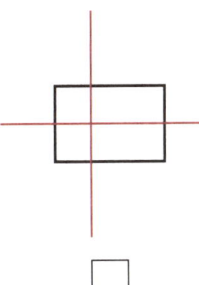 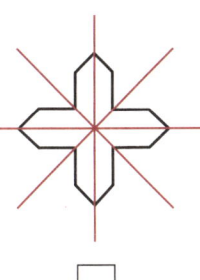 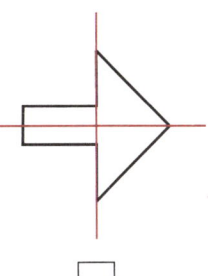  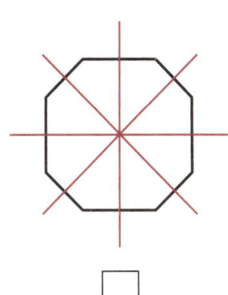

☐   ☐   ☐   ☐   ☐

3 Ergänze symmetrisch. Überprüfe mit dem Spiegel.

a)
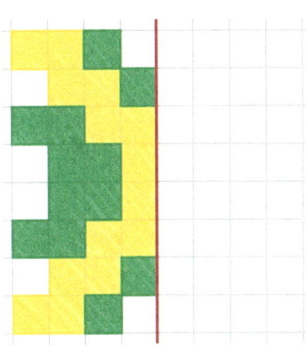

b)
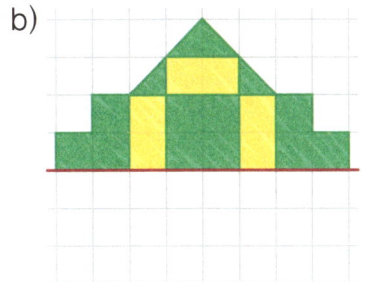

c)
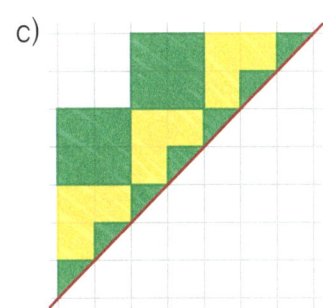

Symmetrie in der Umwelt

1 Symmetrisch, nicht symmetrisch oder ungefähr symmetrisch?

a)

b)

c)

d)

e)

f)

g)

h)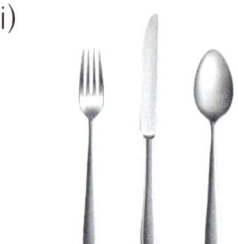

i)

j)

2 Findet weitere Beispiele für symmetrische Figuren und Gebäude.

3 Wie viele Symmetrieachsen haben die Verkehrszeichen? Zeichne sie ein.

a)

b)

c)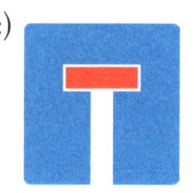

d)

e)

_____ Symmetrieachsen   _____ Symmetrieachsen   _____ Symmetrieachsen   _____ Symmetrieachsen   _____ Symmetrieachsen

4 Lies die Wörter mit dem Spiegel und ergänze sie.

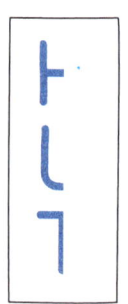
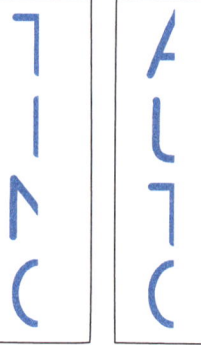

---

3 📋 **Recherche:** Weitere Verkehrszeichen recherchieren, die eine oder mehrere Symmetrieachsen besitzen, präsentieren und Symmetrieachsen bestimmen.

4 Spiegel oder Zauberspiegel verwenden.

Symmetrische Figuren am Geobrett

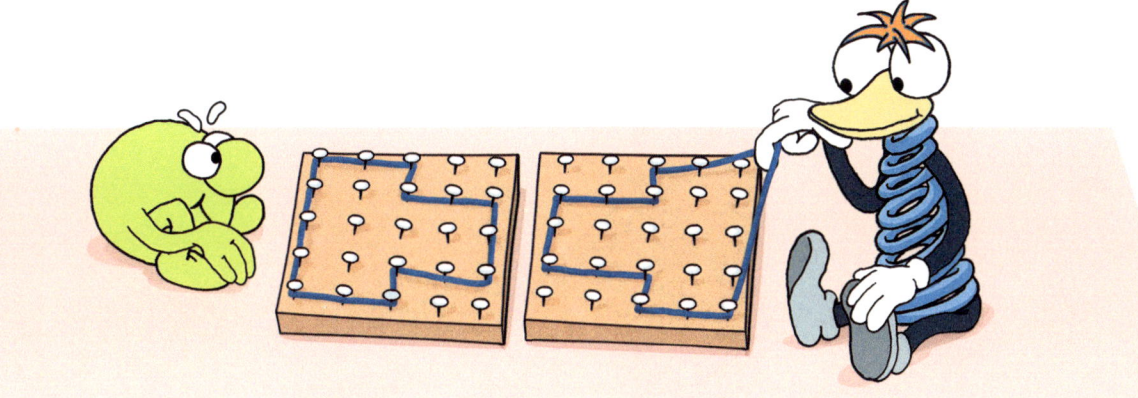

1 Spanne die Figur auf deinem Geobrett.
Dein Partnerkind spannt das Spiegelbild auf seinem Geobrett.

a) 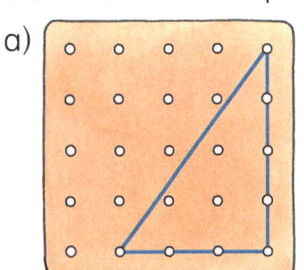　　b) 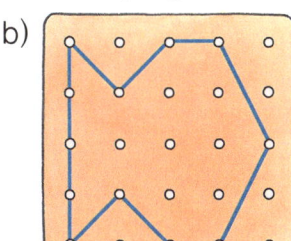　　c) 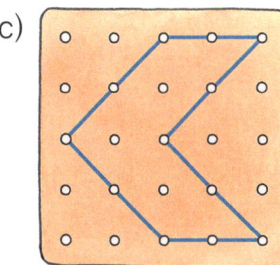　　d)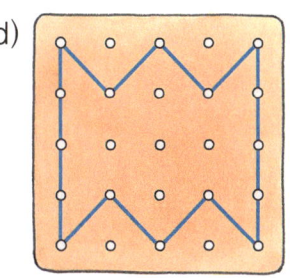

2 Spanne die Figur, die Symmetrieachse und das Spiegelbild auf dem Geobrett.

a) 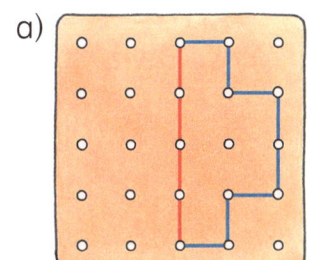　　b) 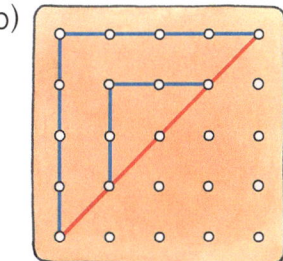　　c) 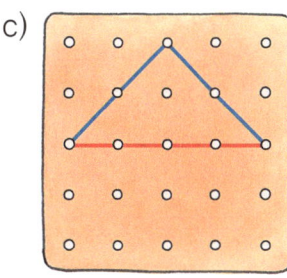　　d)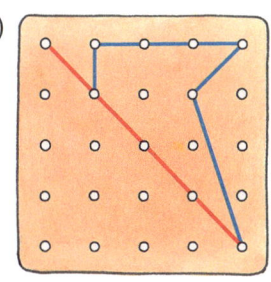

3 Spanne die Figur und die Symmetrieachse auf dem Geobrett.

a) 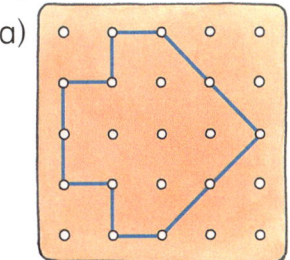　　b) 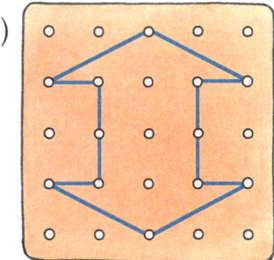　　c)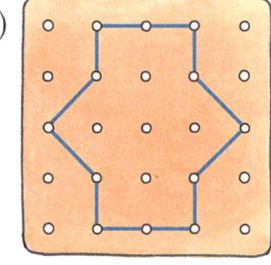

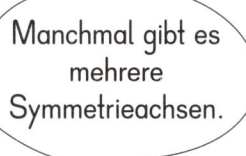
Manchmal gibt es mehrere Symmetrieachsen.

d) 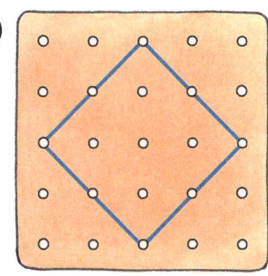　　e) 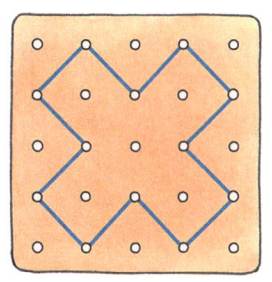　　f)

3 **Fotografie:** Eigene symmetrische Figuren auf dem Geobrett spannen, fotografieren, präsentieren (ggf. ausdrucken) und Symmetrieachse(n) markieren.

33

Symmetrische Muster

1 Faltet und schneidet Muster aus Papierstreifen. Flex und Flo machen es vor.

1. Papierstreifen falten.

2. Form aufzeichnen und ausschneiden.

3. Papierstreifen auseinanderfalten.

2 Welche Formen hat das Muster, wenn der Papierstreifen auseinandergefaltet ist? Überprüft durch Falten und Schneiden.

a) 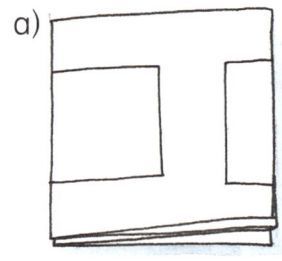 b) 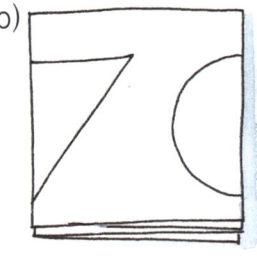 c)  d)

Rechteck _____   _____   _____

_____   _____   _____

3 Flex und Flo haben Muster gezeichnet. Findet immer die zwei Fehler. Kreist sie ein.

a)

b)

c)

d)

Muster erkennen und fortsetzen

1 Setze das Muster fort.

a)

b)

2 Setze fort.

a)

b)

3 Erfinde ein eigenes Muster. Zeichne es in dein Heft.

4 Flex und Flo haben dieses Muster auf verschiedene Weisen verändert. Beschreibt, dann zeichnet ab und setzt fort.

A   B   C

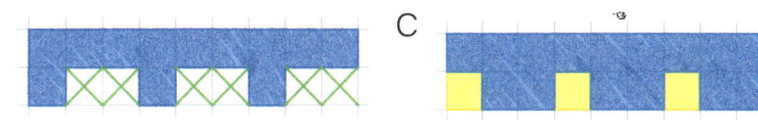

5 a) Zeichne ab und setze fort.

b) Verändere das Muster und setze fort.

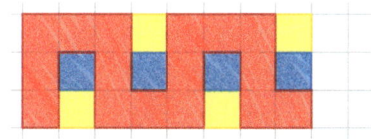

3,5 **Fotografie:** Eigene Muster fotografieren und präsentieren (ggf. ausdrucken), beschreiben und miteinander vergleichen.

G4

35

Entdecken und knobeln

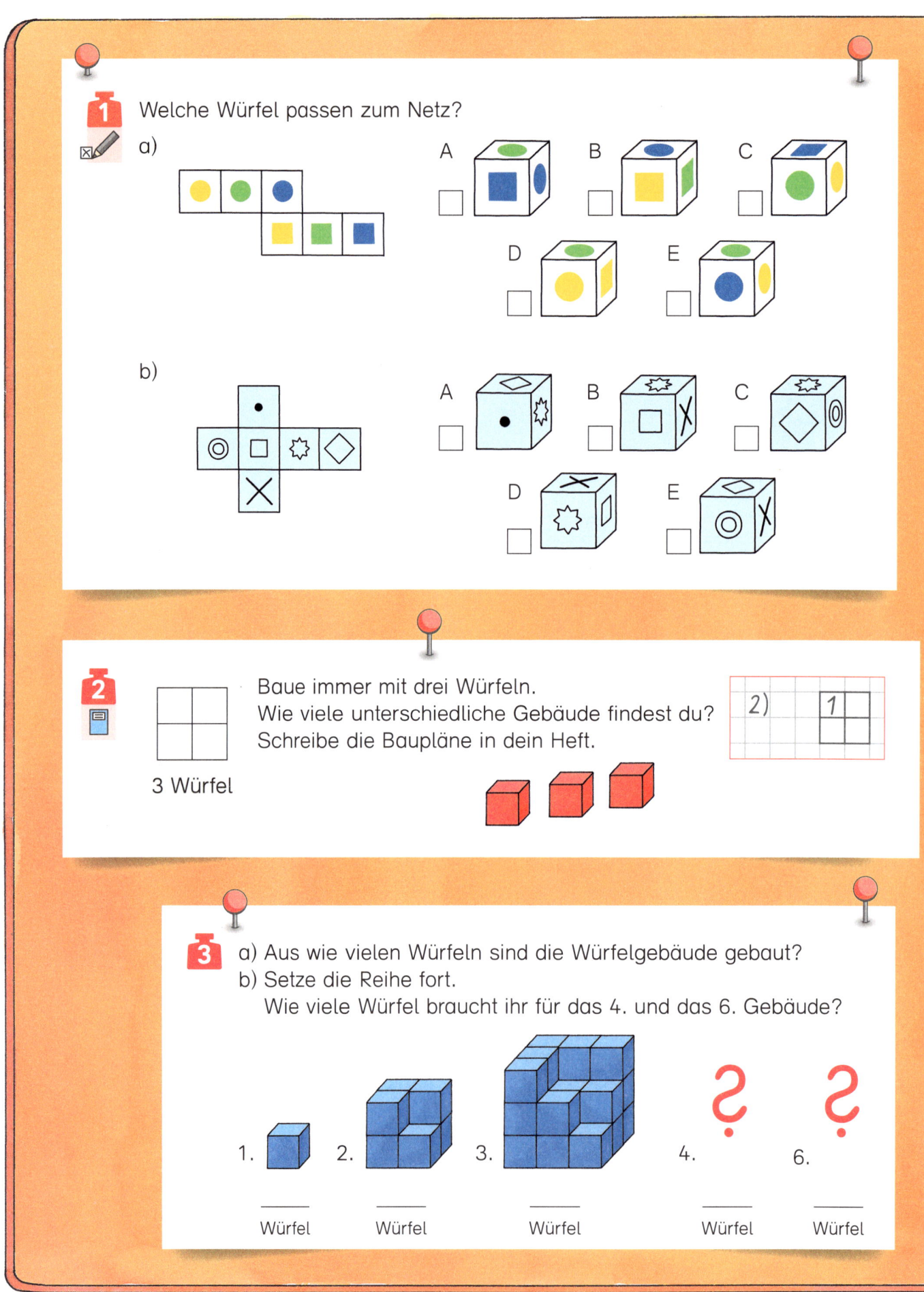

1 Welche Würfel passen zum Netz?

a)

A B C

D E

b)

A B C

D E

2 Baue immer mit drei Würfeln.
Wie viele unterschiedliche Gebäude findest du?
Schreibe die Baupläne in dein Heft.

3 Würfel

2) 1

3 a) Aus wie vielen Würfeln sind die Würfelgebäude gebaut?
b) Setze die Reihe fort.
  Wie viele Würfel braucht ihr für das 4. und das 6. Gebäude?

1. 2. 3. 4. 6.

Würfel   Würfel   Würfel   Würfel   Würfel

---

1 Die Aufgabe eignet sich im Anschluss an Seite 15.
2 Die Aufgabe eignet sich im Anschluss an Seite 17. Es gibt 20 verschiedene Gebäude.
  Blanko-Kopiervorlage mit Bauplänen in der Handreichung/BiBox für Lehrer/-innen.
3 Die Aufgabe eignet sich im Anschluss an Seite 18.

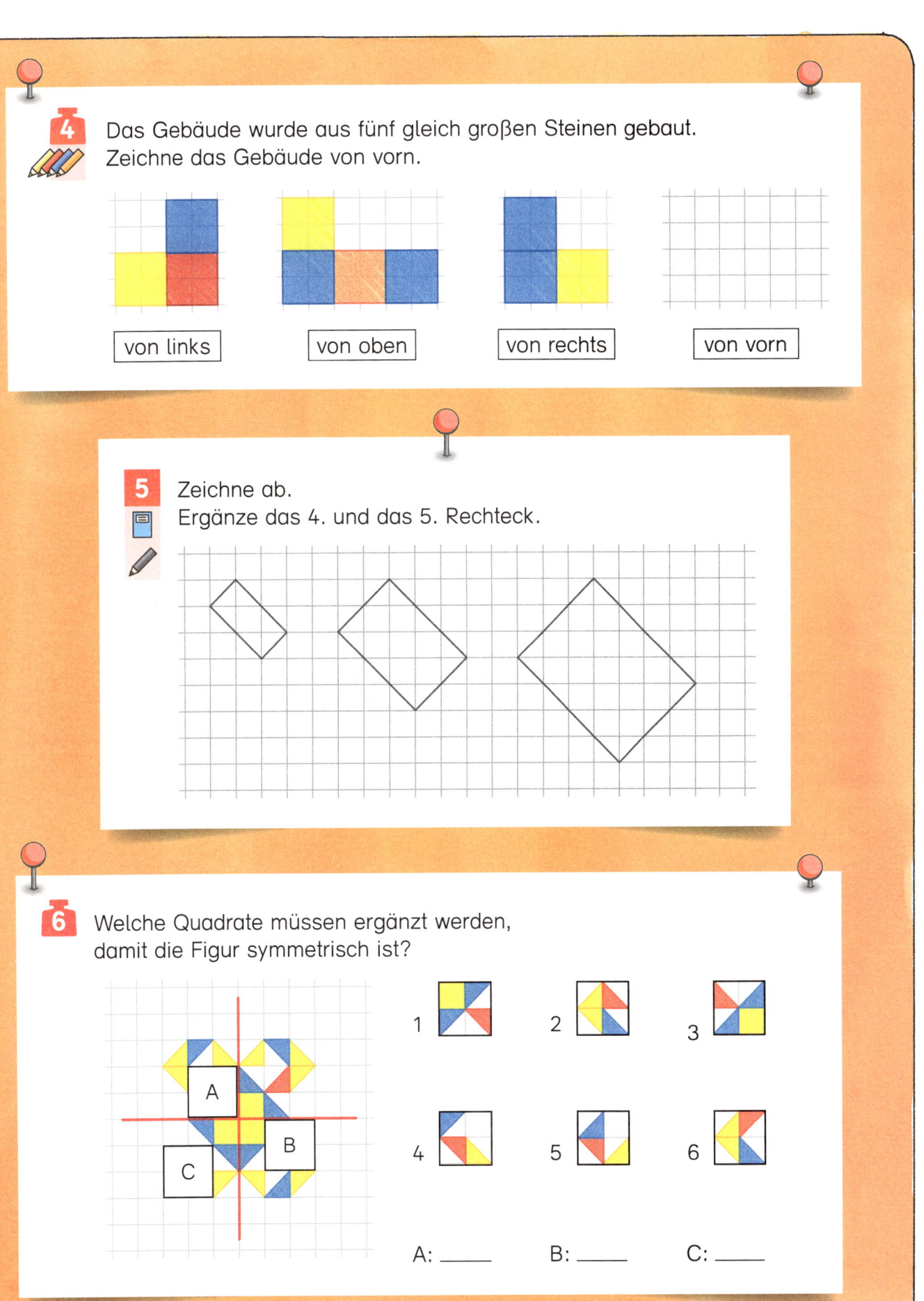

4 Das Gebäude wurde aus fünf gleich großen Steinen gebaut.
Zeichne das Gebäude von vorn.

von links   von oben   von rechts   von vorn

5 Zeichne ab.
Ergänze das 4. und das 5. Rechteck.

6 Welche Quadrate müssen ergänzt werden,
damit die Figur symmetrisch ist?

A   B   C

1   2   3

4   5   6

A: _____   B: _____   C: _____

4 Die Aufgabe eignet sich im Anschluss an Seite 22.
5 Die Aufgabe eignet sich im Anschluss an Seite 26.
6 Die Aufgabe eignet sich im Anschluss an Seite 31.

Fachwörter und Redemittel

Körper

Eigenschaften von Körpern

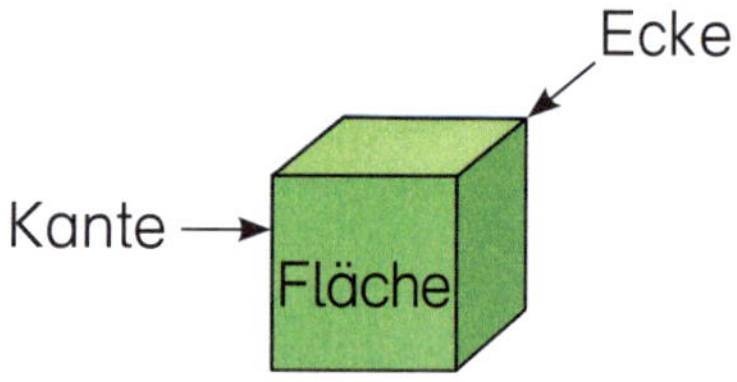

Ecke

Kante → Fläche

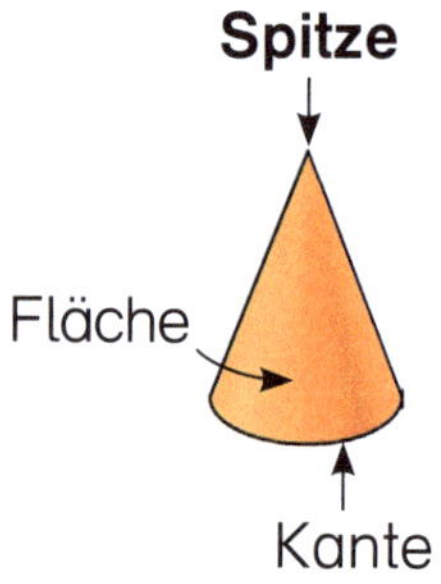

Spitze

Fläche →

Kante

Würfel	Kegel	Quader	Kugel	Zylinder	Pyramide
Ecken: 8	Spitze: 1	Ecken: 8	Ecken: 0	Ecken: 0	Ecken: 5
Kanten: 12	Kanten: 1	Kanten: 12	Kanten: 0	Kanten: 2	Kanten: 8
Flächen: 6	Flächen: 2	Flächen: 6	Flächen: 1	Flächen: 3	Flächen: 5

Netze von Körpern

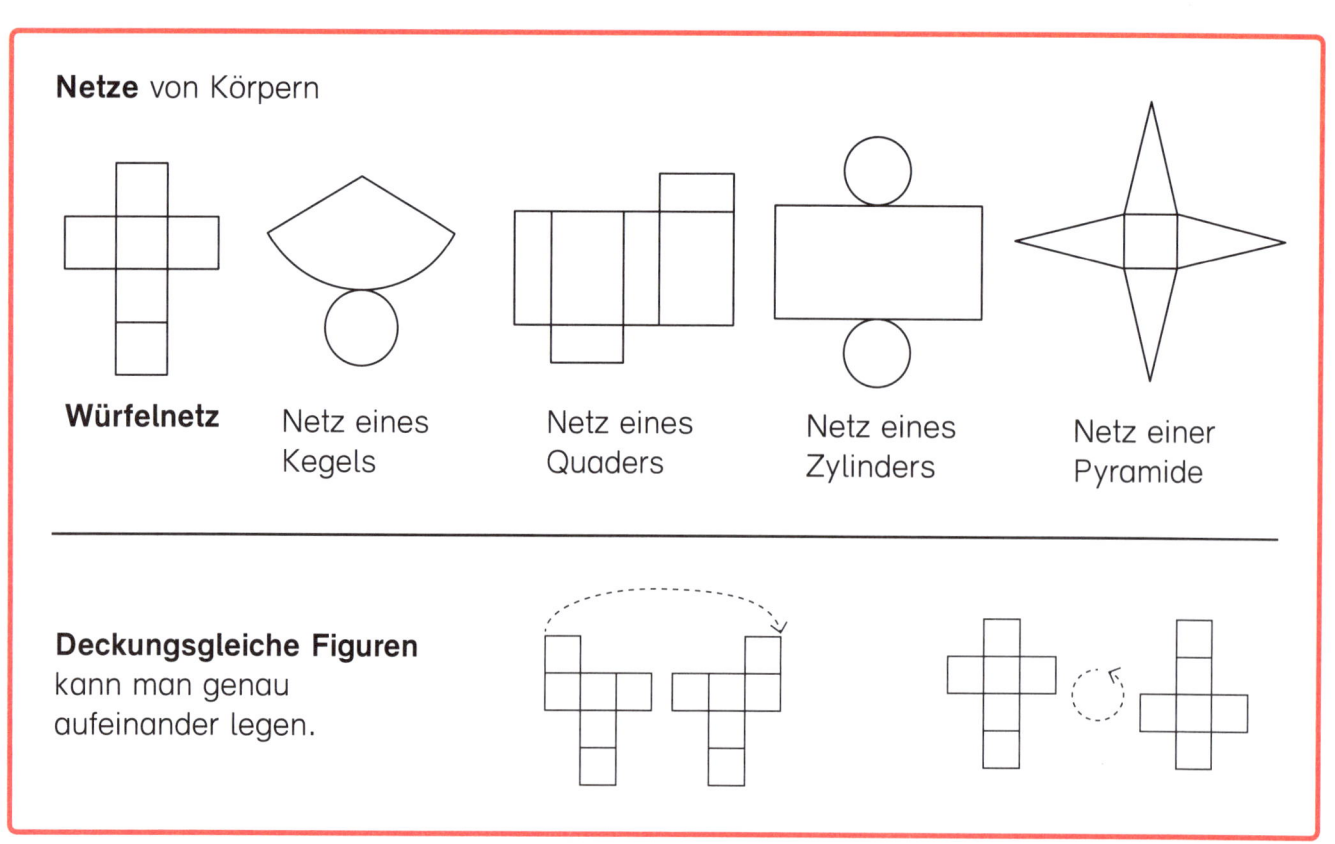

Würfelnetz

Netz eines Kegels

Netz eines Quaders

Netz eines Zylinders

Netz einer Pyramide

Deckungsgleiche Figuren kann man genau aufeinander legen.

Flächen

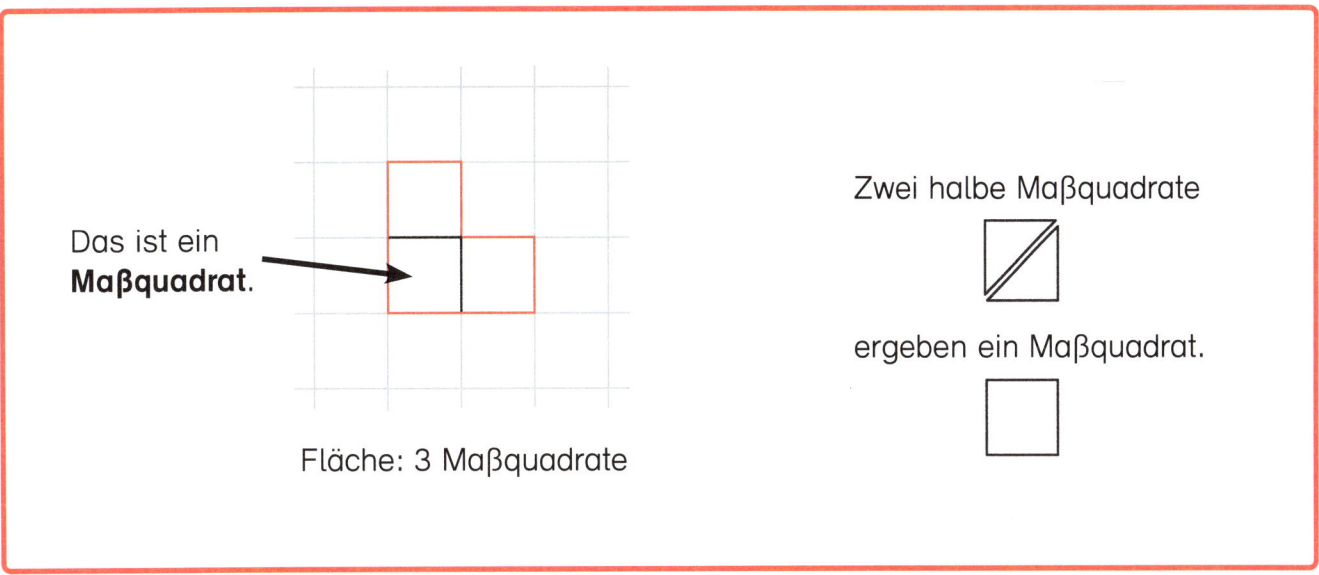

Das ist ein **Maßquadrat**.

Fläche: 3 Maßquadrate

Zwei halbe Maßquadrate

ergeben ein Maßquadrat.

Symmetrie

Beide Figuren sind symmetrisch.

Diese Figur hat eine **Symmetrieachse**.

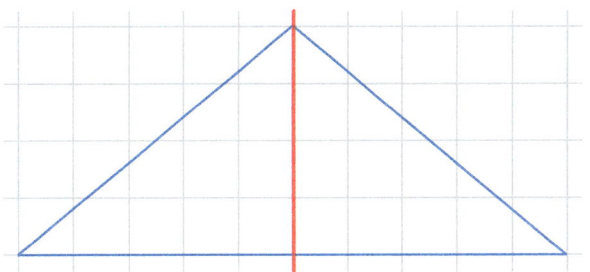

Diese Figur hat mehrere Symmetrieachsen.

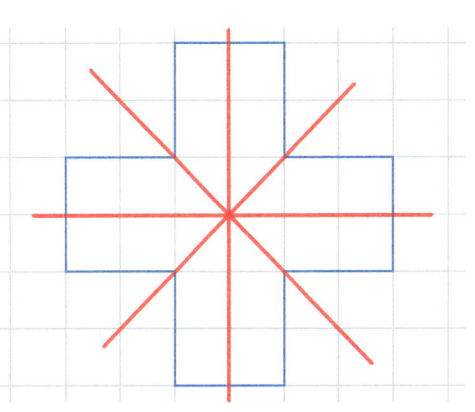

Flex und Flo für das 3. Schuljahr

MATERIALIEN FÜR SCHÜLERINNEN UND SCHÜLER

Addieren und Subtrahieren 3 .... 978-3-14-**118190**-6
Multiplizieren und Dividieren 3 .... 978-3-14-**118191**-3
Geometrie 3... 978-3-14-**118192**-0
Sachrechnen und Größen 3........................... 978-3-14-**118193**-7

Lernpaket 3
4 Themenhefte + Beilagen............................. 978-3-14-**118194**-4
BiBox für Schüler/-innen WEB-14-**118206**

ZUSATZMATERIALIEN
Trainingsheft 3.. 978-3-14-**118246**-0

Themenhefte inklusiv C
Addieren und Subtrahieren bis 100 (C) 978-3-14-**118419**-8
Multiplizieren und Dividieren bis 100 (C)........ 978-3-14-**118420**-4
Geometrie (C)... 978-3-14-**118421**-1
Sachrechnen und Größen (C)......................... 978-3-14-**118422**-8

Lernpaket inklusiv C
4 Themenhefte + Beilagen............................. 978-3-14-**118418**-1

MATERIALIEN FÜR LEHRERINNEN UND LEHRER

Handreichung 3.. 978-3-14-**118195**-1
BiBox für Lehrer/-innen 3, *Einzellizenz* WEB-14-**118207**
Kollegiumslizenz WEB-14-**118209**

Kopiervorlagen 3 .... 978-3-14-**118236**-1
Förder-Kopiervorlagen 3 .... 978-3-14-**118238**-5
Forder-Kopiervorlagen 3 .... 978-3-14-**118240**-8
Lernwege-Karten 3... 978-3-14-**118244**-6
Diagnoseheft 3 .... 978-3-14-**118233**-0
Entdeckerkartei 3 .... 978-3-14-**118245**-3
Winkelsteine, 23 Holzteile.............................. 978-3-425-**13615**-8

10 Sätze Hunderter, Zehner, Einer 978-3-14-**118270**-5